세상에 이런 법이

BOOKK

세상에 이런 법이

저　자 | 강신진

발　행 | 2022년 11월 11일
펴낸이 | 한건희
펴낸곳 | 주식회사 부크크
출판사 등록 | 2014.7.15.(제2014-16호)
주　소 | 서울특별시 금천구 가산디지털1로 119
(SK 트윈타워 A동 305호)
전　화 | 1670-8316
이메일 | info@bookk.co.kr

ISBN | 979-11-410-0087-5

www.bookk.co.kr

세상에 이런 법이

세상에 이런 법이

대한민국의 헌법, 교육기본법

초중등교육법에 대한

교육법의 기초 교양서

차 례

1부
세상에 이런 법이 있다

2부
초 · 중등교육법 아는 만큼 행한다

3부
세계 최초 인성교육법을 만들다

4부
대한민국의 희망을 품다

[부록] 대한민국 헌법 전문

작가의 말

법은 지키라고 있는 것이다.

우리나라의 헌법과 교육법을 이해하고 제대로 잘 지키자는 의미로 쓴 글이다.

우리나라의 헌법과 교육기본법, 초·중등교육법에 대하여 일부만 의견을 표현했다. 행복한 삶과 국가공무원 역할을 생각하며 법에 대하여 일부만 선정하여 쉽게 설명한 책이다.

대한민국의 교육이념 의미와 행복한 학교를 위한 교육 관련 법규와 역할을 이해하는 내용이다.

헌법에 제시된 국민의 의무를 잘 이해하고자 작성한 내용이다. 더불어 일반인과 교사 및 학부모에게 초·중등교육법, 교육기본법의 일부 내용에 관한 법 제도의 문제점을 제시한다.

교육에 관한 내용을 다루고 있는 기본적인 법규를 이해하는 교육법 교양서이다.

헌법의 의미는?

대한민국 교육기본법의 의미는?

법을 만들어 놓고 지키지 않으면 무슨 소용이 있겠는가?

법은 역지사지(易地思之)이다.

법은 나 자신과 우리를 위한 것이다. 잘 못 된 법은 고쳐야 마땅하다. 다만 누구에게 이로운 법이냐가 문제이다. 서로 좋은 방법을 찾아 해결하는 것이다. 국민에게 이롭다면 당연한 이치 아니겠는가?

법을 만드는 자, 집행하는 자, 지키는 자 모두 다 제대로 이해하고 잘 지켜야 하지 않겠는가?

대한민국의 헌법과 교육기본법에 대한
기초 교양서로 추천하는 바이다.

책을 쓰면서 삶과 생활을 다시 한번 돌아볼 수 있는 마음으로 헌법과 교육 관련 내용의 법을 살펴보며 작성했다.

우리나라 교육의 미래 희망을 바라며, 따뜻하고 아름다운 행복한 학교에서 학생을 올바르게 교육하고자 미래 인재를 가르치는 선생님께 바칩니다.

2022년 제물포에서
강신진 드림

자유와 부자유가
갈리는 것은
개인의 자유를 속박하는 법이
어디에서 오느냐 하는데 달렸다.

자유 있는 나라의 법은
국민의 자유로운 의사에서 나오고,

자유 없는 나라의 법은
국민 중의 한 개인
또는 한 계급에서 나온다.

- 김구 -

1부

세상에 이런 법이

대한민국의 헌법 전문의 내용과
헌법에 제시된 국민 행복의 권리를 살펴보고,
헌법을 잘 이해하고, 실천하길 바라는 마음이다.

현명하고 지혜롭게 생활하라는 의미로,
헌법의 개념과
공무원법 일부에 대한 의미를 살펴본다.

1부
세상에 이런 법이

1장 대한민국 헌법 어디까지 아니?

루즈벨트는 미국 역사상 유일무이한 대통령이다.

그는 여러 가지 명언을 남겼다. "위대한 사람이 된다는 것은 참으로 멋진 일일 것이다. 하지만 참된 인간이 되는 것은 더욱 멋진 일이다." "법은 위에 아무도 없고, 법 아래 아무도 없다."

법은 평등하다. 법에 대하여 공정하고 공평하게 한마디로 평등하게 지켜져야 한다는 의미다.

국민에게 이롭다면 당연한 이치 아니겠는가?

법은 시대와 상황에 따라 바뀌어야 할 부분도 있게 마련이다. 적절하게 바뀌어야 한다.

법은 국민을 위한 것이다.

법은 나를 위해 제대로 지켜야 하는 것이다.

법은 우리를 위해 법규를 준수하는 것이다.

법은 공평해야 하는 것이다.

법은 제대로 알아야 하며 권리와 의무이다.

대한민국 국민 모두 잘 지켜야 하는 게 당연하다. 국가공무원은 더더욱 잘 지켜야 하는 게 공무원법이다.

헌법 전문

헌법은 최고의 법이다.

우리나라 헌법 전문을 살펴보면 내용이 방대하지만 한 문장이다.

헌법 전문

유구한 역사와 전통에 빛나는 우리 대한 국민은 3·1운동으로 건립된 대한민국임시정부의 법통과 불의에 항거한 4·19 민주 이념을 계승하고, 조국의 민주개혁과 평화적 통일의 사명에 근거하여 정의·인도와 동포애로써 민족의 단결을 공고히 하고, 모든 사회적 폐습과 불의를 타파하며, 자율과 조화를 바탕으로 자유민주적 기본질서를 더욱 확고히 하여 정치·경제·사회·문화의 모든 영역에 있어서 각인의 기회를 균등히 하고, 능력을 최고도로 발휘하게 하며, 자유와 권리에 따르는 책임과 의무를 완수하게 하여, 안으로는 국민 생활의 균등한 향상을 기하고 밖으로는 항구적인 세계평화와 인류 공영에 이바지함으로써 우리들과 우리들의 자손의 안전과 자유와 행복을 영원히 확보할 것을 다짐하면서 1948년 7월 12일에 제정되고 8차에 걸쳐 개정된 헌법을 이제 국회의 의결을 거쳐 국민투표에 의하여 개정한다.“ 1)

헌법은 모든 법 중에서 가장 지위가 높은 법으로, 국민의 기본권을 보장하고 국가의 근본을 알리는 법이다. 헌법 전문은 우리나라의 가치를 담고 있다. 헌법은 국가의 나아갈 길에 대한 나침반 역할을 하고 있다.

한마디로 요약하면 무엇일까?

법률은 헌법 이념을 구체적으로 실현하기 위한 장치이므로 모든 법률은 헌법에 규정된 내용과 어긋나서는 안 된다.

헌법 전문을 자세하게 읽어보니 어떤 느낌이 드십니까?

헌법 전문의 주어는 무엇일까요?

(   )

아리스토텔레스는 "국가는 좋은 생활을 위해서 존재하는 것이지 단순히 생존만을 위해 존재하는 것은 아니다"라고 말했다.

국가는 해야 할 일이 있고 하지 말아야 할 일이 있다. 반드시 해야 할 일을 꼭 해야 하는 것이 국가다. 국가는 국민을 존중하고 보호할 의무가 있는 것이다.

아인슈타인은 "국가가 사람을 위해 만들었지, 사람이 국가를 위해 만들어지지 않았다."라고 말했다.

헌법을 잘 지켜야지 않겠는가?

---

1) 대한민국 헌법 https://www.law.go.kr

대한민국은 민주공화국이다.

헌법 제1장 총강에서는 대한민국은 민주공화국이며, 대한민국의 주권은 국민에게 있음을 알리고 있다.

대한민국 헌법 제1장 총강
[제1조]

① 대한민국은 민주공화국이다. ② 대한민국의 주권은 국민에게 있고, 모든 권력은 국민으로부터 나온다.

도산 안창호 선생은 "참여하는 사람은 주인이요, 그렇지 않은 사람은 손님이다"라고 언급하였다.

우리나라는 국민투표를 하여 대통령, 국회의원, 지방자치단체장 등을 선출한다. 국민에 의한 국민을 위하는 주권을 가지므로 바르게 헌법을 지키며 행복한 삶을 살아가는 것이다. 과거와 비교하면 민주주의 발전이다.

고 이건희 회장은 1993년에 "우리나라 정치는 4류, 관료와 행정조직은 삼류, 기업은 이류다"라고 말해 오늘날 우리에게 국가사회를 바라보는데 깨달음을 주고 있다.

국가는 국민이다. 우리나라 국민은 일정 나이가 되면 투표를 할 수 있다. 투표는 국민의 주권이고 권력이다. 우리나라는 비밀 투표를 하며 4년마다 국회의원 선거 및 지방자치단체장 선거가 있다. 5년마다 대통령을 뽑는 선거를 한다. 대한민국은 민주공화국이다. 국가의 진정한 본질을 생각할 시기이다.

국가는 누구를 위해 존재하는가?

바람직한 국가의 역할은 무엇인가?

하버드대 교수인 마이클 샌델은 도서 《정의란 무엇인가》 에서 무엇이 정의인가? 국가 의무는? 등에 대하여 언급하였다. 국가와 사회의 행복과 자유, 정의와 미덕이라는 관점 등에 깨달음을 제시하였다.

국가는 이제 본질을 성찰하고 불균형, 불공정에서 공정과 정의, 공평한 제도로 신뢰를 회복하는 게 중요하다. 이 게 국가의 본질이다. 국가는 자유와 평등을 보장하기 위해 기회의 균등이 실현되도록 법과 제도를 정비하는 노력을 기울여야 한다. 성숙한 국가 대한민국은 지금 시작이다. 국가의 책임 강화를 기대한다.

국가는 국민을 위해 존재한다. 요즈음엔 국민이 국가를, 정치를 걱정하는 현실이다.

대통령은 선서한다.

대통령은 취임식에서 헌법을 읽고 선서한다. 헌법 69조이다.

헌법 第69조

제69조 "나는 헌법을 준수하고 국가를 보위하며 조국의 평화적 통일과 국민의 자유와 복리의 증진 및 민족문화의 창달에 노력하여 대통령으로서의 직책을 성실히 수행할 것을 국민 앞에 엄숙히 선서합니다."

69조에 기록된 헌법 내용을 취임식에서 "나는 헌법을 준수하고 ~(중략)~ 엄숙히 선서합니다."라고 국민 앞에 선서한다.

국민을 위해 대통령으로서의 직책을 성실히 수행하기를 지금까지의 선서를 한 모든 분과 앞으로 선서할 분에게도 희망해 본다. 대통령 취임사 때마다 국민은 늘 이 선서를 듣고 늘 기대해 왔고, 현재도 기대하며, 앞으로도 기대할 것이다. 의무와 책임을 제대로 수행하길 기대한다.

권리의
진정한 근원은
의무이다.

- 마하트마 간디 -

2장 국민에게는 권리와 의무가 있다.

헌법에는 국민의 정치적 권리와 인권을 규정하고 있다. 헌법에는 국가를 유지하고 발전시키기 위해 국민이 해야 할 의무도 있다. 평등권, 자유권, 사회권, 청구권, 참정권 등 다양하다.

우리는 인간으로서의 행복을 추구할 권리를 가진다. 국민의 권리와 의무를 나열한 내용을 살펴본다.

국가에는 국민으로서 누릴 수 있는 권리와 마땅히 행해야 할 의무를 헌법으로 규정하고 있다. 다만 나라별로 대동소이하다.

국민의 인권은 소중하다. 인간으로서의 존엄과 가치이다.

모든 국민은 인간으로서의 존엄과 가치를 가지며, 행복을 추구할 권리를 가진다. 권리와 의무는 다르다. 의무에는 책임이 따르게 마련이다.

국민의 권리와 의무

헌법 제2장 [제10조]

모든 국민은 인간으로서의 존엄과 가치를 가지며, 행복을 추구할 권리를 가진다. 국가는 개인이 가지는 불가침의 기본적 인권을 확인하고 이를 보장할 의무를 진다.

대한민국의 국민이라면 누구나 강제로 지켜야 할 4대 의무가 있다. 이 의무를 지키지 않으면 법률에 따라 불이익을 받을 수 있다.

1970~80년대 우리나라 당시 상황은 어떠했을까?

이 시기에는 국민의 인권은 여러 분야에서 많이 존중받지 못했던 시기이다. 특히 야간에는 통행금지 시간대가 있었고, 텔레비전 방송, 신문, 예술 분야는 인권 문제가 지금과 비교하면 매우 심했다.

2017년 개봉된 영화 <1987> 다시 생각나게 한다. 이 외에도 많이 있지만 생략한다.

교육 분야는 어떠했을까?

그 시기는 초·중·고등학교 교사의 수업권과 학생의 학습권에서 학생 인권을 존중하지 않던 때였다. 당시 학급의 학생 수는 교실에 꽉 찰 정도였다.

일부 학교 교실은 70여 명도 넘을 정도이고, 남학생은 거의 빡빡머리였다. 영화 <친구>에는 당시의 시대 환경을 잘 표현하고 있다. 당시 학생 교육에 인권을 존중하지 못했던 점을 반성한다. 현재는 학생의 인권이 많은 변화를 하고 있다.

요즈음에는 학생들이 너무 무례하기도 하여 동방예의지국(東方禮儀之國)이 동방무례지국(東方無禮之國)이 되어가는 것 같아서 안타깝게 생각한다.

학생의 인권은 중요하다. 학생과 교사의 한계가 분명한데 현실에선 심각한 교권 문제가 증가하고 있다.

학생 학습권과 교사의 교육권에 대한 균형점을 잘 찾아 해결해야 한다. 요즘 학생의 학습권과 교사의 교육권에 문제가 심각하게 발생하고 있다. 모두를 위한 법 규정을 제대로 마련하기 기대한다. 대한민국의 미래는 누구에게 달려 있을까? 교사 학생 모두이다. 상호 이익이 되는 법 개정이 반드시 필요하다.

국가는 의무교육을 시행한다.

헌법 제31조는 국민에 대한 교육의 의무와 의무교육을 무상으로 한다를 강조한다.

국가는 무상으로 의무교육을 한다. 현재는 중학교까지 의무교육이다. 학교에서 모든 학생이 행복하게 지낼 수 있는 교육제도가 생기기를 바란다.

헌법 31조를 살펴보자

헌법 [제31조]

① 모든 국민은 능력에 따라 균등하게 교육을 받을 권리를 가진다. ② 모든 국민은 그 보호하는 자녀에게 적어도 초등교육과 법률이 정하는 교육을 받게 할 의무를 진다. ③ 의무교육은 무상으로 한다. ④ 교육의 자주성·전문성·정치적 중립성 및 대학의 자율성은 법률이 정하는 바에 의하여 보장된다. ⑤ 국가는 평생교육을 진흥하여야 한다. ⑥ 학교 교육 및 평생교육을 포함한 교육제도와 그 운영, 교육재정 및 교원의 지위에 관한 기본적인 사항은 법률로 정한다.

과거에는 교육받지 않고도 뛰어난 능력을 갖춘 사람이 명예와 미덕을 지니는 경우도 많았다. 요즈음에는 의무교육만 받는 사람은 없다.

헌법 31조는 교육을 받을 권리 규정이다.

①항의 “모든 국민은 능력에 따라 균등하게 교육을 받을 권리를 가진다.”이다. 1948년 제정된 제헌헌법에선 ‘모든 국민은 균등하게 교육을 받을 권리가 있다.’라고 되었다. 이후 1962년 개헌하며 ‘능력에 따라’가 추가됐다.

헌법 제31조의 의미를 해석해 본다.

①항의 ‘모든 국민은 균등하게 교육을 받을 권리가 있다.’이고, ③항에는 ‘국가가 무상으로 의무교육을 시행한다.’라는 것으로 되어 있다. ①항의 ‘능력’과 ‘균등’ 두 단어는 우리나라 교육 현실에 걱정과 고민거리를 던진다. 현재보다 더욱 좋은 사회로 발전하는 데 필요한 부분이다.

현재는 중학교까지 의무교육이나 고등학교, 대학교까지 의무교육으로 확대되기를 기대한다.

국가는 국민에게 최소한의 의무교육을 받을 기회를 제공하고 있지만 성인도 직업을 가질 때까지 평생교육이 필요한 시기이다.

헌법 제31조 제④항은

"교육의 자주성·전문성·정치적 중립성 및 대학의 자율성도 법률이 정하는 바에 의해 보장된다."라는 것을 규정하고 있다.

어떻게 생각하십니까?

국민에게 최소한의 교육을 받을 기회를 부여하여야 하며, 국가는 평생교육을 진흥할 의무를 부담한다고 규정한다. 국민의 평생교육을 받을 권리를 제시하고 있다.

이제는 사회적·경제적 약자도 실질적 평등 교육을 받을 수 있도록 국가가 평생교육을 실시해야 한다.

31조 ⑤항에는 국가도 국민이 평생토록 배움의 기회를 가질 수 있도록 평생교육을 진흥할 의무를 부담한다고 규정되어 있다.

국가는 평생교육의 장을 마련하고 국민은 원하는 분야에 평생 공부를 할 수 있는 시대가 되었다. 본인의 희망에 따라 선택하여 배우고자 하는 내용을 배울 수 있다. 국민이 평생교육받는 시대가 되었다.

⑥항에는 '학교 교육 및 평생교육을 포함한 교육제도 운용, 교육재정 및 교원의 지위에 관한 기본적인 사항은 법률로 정한다.'로 되어 있다. 지방자치단체에는 평생교육기관을 운영하고 있어 국민은 희망에 따라 강좌를 배울 수 있다. 요즈음에는 무료로 운영하는 좋은 교육 내용도 있으며 일부 강좌는 유료도 포함한다.

헌법 31조 ⑥항에는 "교원의 지위에 관한 기본적인 사항은 법률로 정한다"라고 규정되어 있다. 헌법의 법률로 정한 법이 바로 '교육기본법' 제14조(교원) 이다.

교원(敎員)은 공립·사립에 관계없이 유치원·초등학교·중등학교·대학(교)·대학원·특수학교 등에서 가르치는 일에 종사하는 모든 사람을 지칭한다.

학교 교육과 평생교육에는 무엇인가 가르치는 자가 존재하기 마련이다, 가르침은 배움과 함께한다. 배우고 가르치고 배워서 남 주는 게 교육이다.

일반적으로 학생을 가르치는 자를 의미한다.

이제는 열심히 가르치는 교원에게 존중과 배려의 문화가 필요한 시점이다.

헌법 37조를 살펴보자

헌법 第37조

제37조
①국민의 자유와 권리는 헌법에 열거되지 아니한 이유로 경시되지 아니한다.
②국민의 모든 자유와 권리는 국가안전보장·질서유지 또는 공공복리를 위하여 필요한 경우에 한하여 법률로써 제한할 수 있으며, 제한하는 경우에도 자유와 권리의 본질적인 내용을 침해할 수 없다.

헌법 37조는 '국민의 자유와 권리가 보장된다'라는 의미다. 국민에게 인정되어야 할 자유와 권리는 충분히 보호되어야 함을 확인시켜 주고 있다. 다만 국가안전보장과 질서유지 및 공공복리라는 공익 목적을 위해 이뤄져야 한다는 의미다.

헌법은 국가의 기본 조직법이다, 국가라는 공동체의 존재와 질서에 관한 국민적 합의를 규정하고 있는 기본법이다.

헌법은 나라의 정신이다.

헌법은 영혼이다.

의무교육 나 어떻게

교육은 의무인가 의무교육인가?
교육은 가르침이요
의무는 책임이 따른다.

교사 의무 불이행은 채찍질하면서
학부모 의무 불이행은 어쩌나?
학생 의무 불이행은 더욱더 걱정이네

학생은 신난다고 맘대로 하는데
교사는 힘들다고 아프고 병나고
학교는 기본 생활 습관 어렵고 인성 교육 더디고
국가는 인권만 강조하네!

이런 지금 나 어떻게 해
아~ 안타깝다.
걱정이다.

4장 국민의 4대 의무를 아시나요?

헌법에는 국가를 유지하고 발전시키기 위해 국민이 해야 할 의무가 있다. 국민의 의무에는 책임이 따른다.

대한민국의 국민이라면 누구라도 지켜야 하는 4대 의무가 있다. 4대 의무는 교육의 의무, 근로의 의무, 납세의 의무, 국방의 의무이다.

국민의 4대 의무
[헌법 제31조, 제32조, 제38조, 제39조]

제31조
①모든 국민은 능력에 따라 균등하게 교육을 받을 권리를 가진다.
제32조
①모든 국민은 근로의 권리를 가진다. 국가는 사회적·경제적 방법으로 근로자의 고용의 증진과 적정 임금의 보장에 노력하여야 하며, 법률이 정하는 바에 의하여 최저임금제를 시행하여야 한다.
제38조
①모든 국민은 법률이 정하는 바에 의하여 납세의 의무를 진다.
제39조
①모든 국민은 법률이 정하는 바에 의하여 국방의 의무를 진다.

국민은 4대 의무를 지키지 않으면 법률에 따라 불이익을 받을 수 있다. 간단하게 알아보자.

첫째, 교육의 의무이다.

대한민국의 모든 국민은 개인의 발전과 국가의 발전에 이바지하기 위해 교육받을 의무가 있다. 의무의 주체는 교육받아야 할 자녀를 가진 보호자이다.

보호자는 자녀를 초등학교에 입학시키고 의무교육으로 최소한 중학교 졸업까지는 시켜야 하는 것이다. 고등학교까지 추진되어야 할 사항으로 생각한다.

둘째, 근로의 의무이다.

헌법에서 말하는 근로의 의무는 노동을 누구나 반드시 하여야 하는 의미는 아니다. 직장에서 자신의 맡은 일을 성실히 해야 하는 근로의 의무만으로 이해하는 경우가 있다. 옳지 않다. 이는 하나만 알고 둘은 모르는 경우다.

단 전시 등 공공필요에 의하여 근로를 명할 때 복종하는 국민의 의무이다.

셋째, 납세의 의무이다.

국내에서 경제 활동 영위하는 모든 사람에게 부여되는 의미이다. 재산세, 소득세 같은 분야의 납세뿐만 아니라 상품을 구매할 때도 납세의 의무를 이행해야 하는 납세의 의무가 있다. 가게에서 상품을 살 때 나도 모르게 세금을 내고 있다는 사실을 모르는 경우가 너무나도 많다.

넷째, 국방의 의무이다.

국방의 의무는 다른 의무와는 성격이 매우 다르다.

현재 우리나라는 징집대상자인 대한민국 남성만이 부담하고 있는 것은 사실이다. 국방의 의무는 남자에게 기본적으로 주어지는 병역의 의무만이 아니라, 병역의 의무를 마치면 제대하고 나서 끝이 아니고 예비군으로 이어진다. 여자에게는 의무는 아니고, 선택형이다. 누구든지 병역의무의 이행으로 인하여 불이익한 처우를 받지 아니한다.

국민의 4대 의무(교육, 근로, 납세, 국방)에 환경보전 의무와 재산권 행사의 공공복리 적합 의무 이렇게 2가지를 추가해서 국민의 6대 의무라고 한다. 건강하고 쾌적한 환경에서 생활하기 위해 환경을 보전해야 하는 의무도 있다.

환경보전 의무

(헌법 제35조 1항)

(헌법 제35조 1항) 모든 국민은 건강하고 쾌적한 환경에서 생활할 권리를 가지며, 국가와 국민은 환경보전을 위하여 노력하여야 한다.

환경보전의 의무는 국가와 국민이 함께 명시되어 있다.

개인 또는 기업이 환경을 파괴하는 행위를 할 때 피해보는 국민은 손해배상을 청구할 수 있고, 국가도 행정제재를 가할 수 있다.

재산권 행사의 공공복리 적합 의무

(제23조 2항)

(헌법 제23조 2항) 재산권의 행사는 공공복리에 적합하도록 하여야 한다.

재산권의 내용과 한계를 법률로 정한 것이다. 재산권 행사에 있어서 공공복리에 적합하도록 규정한 것이다. 또한 개인이 가지고 있는 재산권을 행사함에 있어서는 자기 자신의 이익만을 위한 것이 아니라 공공복리에도 적합하도록 행사하여야 한다는 의미다.

5장 헌법 7조를 제대로 알고 실천하기

대한민국에는 공무원(公務員)이 있다.

공무원은 중앙정부와 지방정부 그리고 공공기관의 사무를 맡는 신분을 뜻한다. 국가에서 근무하는 경우 국가공무원으로, 지방자치단체에서 근무하는 경우 지방공무원으로 구분한다.

우리나라 헌법 7조를 살펴본다.

대한민국 헌법 제7조

① 공무원은 국민 전체에 대한 봉사자이며, 국민에 대하여 책임을 진다. ② 공무원의 신분과 정치적 중립성은 법률이 정하는 바에 의하여 보장된다.

공무원은 ①항의 국민에 대한 봉사자로 근무한다. 국민에 대하여 무엇을 봉사하고 무엇을 책임진단 말인가?

국민은 이 사항을 알고 있을까? 과연 그러한가?

누구를 위한단 말인가. 일선에서 열심히 성실하게 지내는 공무원은 매우 많다. 일반 국민은 공무원을 어떻게 생각할까, 걱정이다. 공무원이 헌법 7조를 바르게 알고 제대로 지킨다면 바람이 없다.

다산 정약용은 “목민관(공직자)은 유리보다 더 투명하게, 대나무보다 더 올곧게 직무를 수행하며 살아야 한다.”라고 했다. 오늘날 공무원에게 성실한 직무 수행을 생각하게 하는 내용이다.

헌법은 중요하다. 소중한 헌법을 제대로 실천할 때이다.

공무원은 국민 전체에 대한 봉사자로 공공의 이익을 실현하는 사람들을 말한다. 중앙행정기관과 지방행정기관에서 국민의 생활과 밀접한 업무를 수행하는 사람들이다. 정부 부처 정책의 수립부터 민원 처리 등을 처리하는 일을 한다.

한국 사회에서 공무원들에게 새로운 시대 새로운 변화가 급격하게 일어나고 있다. 이러한 변화의 물결 속에서 공무원에 대한 국민의 기대와 요구는 그 어느 때보다도 커지고 있다. 주어진 의무와 책임을 다하기 위해 임무를 수행하고 필요한 역량을 갖추어야 하는 시점이다.

헌법 7조를 다시 한번 살펴본다.

①항 “공무원은 국민 전체에 대한 봉사자이며, 국민에 대하여 책임을 진다.” ②항 “공무원의 신분과 정치적 중립성은 법률이 정하는 바에 의하여 보장된다.”

대한민국 국가 발전을 위하여 국민은 공무원을 지켜보고 있다.

6장 국가공무원법 바로 알기

공무원은 국가에 충성하여야 한다, 국민에게 봉사하여야 한다. 이런 것들이 공무원의 의무에 해당한다. 의무에 해당하는 공무원법 일부를 살펴보자.

국가공무원법 제55조

> 제55조(선서)
> 공무원은 취임할 때 소속 기관장 앞에서 대통령령 등으로 정하는 바에 따라 선서(宣誓)하여야 한다. 다만, 불가피한 사유가 있으면 취임 후에 선서하게 할 수 있다.

공무원은 취임할 때 선서한다. 공무원 선서는 국가공무원을 비롯한 모든 공무원이 취임할 때 반드시 하도록 국가공무원법 제55조에 규정되어 있다. 최초로 임용되어 임명장을 수여받을 때, 소속 기관장의 앞에서 선서한다.

선서란 여러 사람 앞에서 성실할 것을 맹세하고 다짐한다는 의미이며, 오른손을 들고 일어서서 선서문을 낭독하는 방식으로 한다. 그뿐만 아니라 주기적으로 각종 연수를 할 때 예를 들면 청렴 연수 등을 할 때 모두 모여서 단체로 선서한다. 이때는 전원이 일어서서 오른손을 들고 대표자 1명이 낭독하는 선서를 하는 때도 있다.

국가공무원법 제56조

제56조(성실 의무) 모든 공무원은 법령을 준수하며 성실히 직무를 수행하여야 한다.

중용에는 "성실함은 만물의 처음이요 끝이다. 성실은 만물의 근원이 되고 성실함이 없으면 만물은 존재하지 않는다"라고 기록한다. 성실함에 대하여 중요성을 일깨우는 표현이다. 공무원은 법령을 준수하며 성실히 직무를 수행해야 할 의무가 있다. 성실한 태도로 자신의 업무를 묵묵히 수행하는 것이다.

누구에게 성실하란 말인가?

자신에게, 국민에게, 상관에게. 공직 생활을 실천하기가 쉽지 않다. 그래서 요즘 MZ세대들이 적응을 잘하지 못하거나 비전 없다고 퇴사하는 경향이 많다. 인사혁신처 자료에 따르면 근무 5년 미만 공무원 퇴직이 증가하는 추세이다. 성실하지 못해 떠나는 게 아니라 공무원의 조직 생활과 급여와 미래 연금에 대한 불안이라고 생각된다.

국가공무원법 제56조의 성실 의무는 공무원에게 부과된 가장 기본적인 중대한 의무이다. 최대한으로 공공의 이익을 도모하고 인격과 양심에 따라 성실히 직무를 수행하여야 하는 중요한 내용이다.

국가공무원법 第57조

> 第57조(복종의 의무)
> 공무원은 직무를 수행할 때 소속 상관의 직무상 명령에 복종하여야 한다.

第57조(복종의 의무)는 정당한 직무상의 명령이다. 상급자의 지시 사항 불이행으로 업무 추진에 중대한 차질을 주어서는 안 된다는 의미다. 객관적으로 명백하게 부당한 것이라면 복종하지 않아도 되지만 보편적으로 사회 통념상 직무와 연관되는 것이라면 일반적으로 의무를 진다.

국가공무원법 第58조

> 第58조(직장 이탈 금지)
> ① 공무원은 소속 상관의 허가 또는 정당한 사유가 없으면 직장을 이탈하지 못한다.
> ② 수사기관이 공무원을 구속하려면 그 소속 기관의 장에게 미리 통보하여야 한다. 다만, 현행범은 그러하지 아니하다.

공무원은 근무지에 출근해야 한다. 다만 직장이라 함은 공무원이 소속되어 근무하고 있는 공공기관 공간(부서)이다. 이 의무의 위배는 징계사유가 된다.

국가공무원법 제59조

제59조(친절·공정의 의무) 공무원은 국민 전체의 봉사자로서 친절하고 공정하게 직무를 수행하여야 한다.

공무원으로서 마땅히 해야 할 의무 사항이 많이 있다. 공무원도 사람인지라 민원을 상대하다 보면 너무나도 힘들 때가 있다. 참고 인내해야 한다.

누구나 다 그런 것은 아니지만 공무원 생활을 오래 하다 보면 몸에 사리가 생길 정도이다. 봉사자로 생활하고 성실하며 친절하게 직무 수행하는 게 당연하다.

난센스 퀴즈이다.

이 세상에서 가장 좋은 절이 무엇일까?

(   )

바로 친절이다.

국가공무원법 제61조

제61조(청렴의 의무) ① 공무원은 직무와 관련하여 직접적이든 간접적이든 사례·증여 또는 향응을 주거나 받을 수 없다. ② 공무원은 직무상의 관계가 있든 없든 그 소속 상관에게 증여하거나 소속 공무원으로부터 증여를 받아서는 아니 된다.

청렴의 의무는 2015년 김영란법(청탁금지법) 제정으로 우리나라의 부패인식지수가 개선되고 있다.

최근 공직사회 청렴 문제에 관해 더욱 강조되고 있다. 공무원은 공무를 수행하면서 부정한 돈을 주고받지 말라는 이야기이다. 다수의 공무원은 본인의 직무를 수행하면서 공정하고 책임감 있는 자세로 임하고 있다.

국민에게 비추어지는 공직사회의 신뢰가 매우 중요한 시대이다. 우리나라도 이제 선진국 수준으로 국민 의식 수준이 높아져야 하는 시대이다. 일부 극소수 공무원들의 일탈이 공무원에 대한 국민의 신뢰를 저하하는 요인이 되고 있다. 이제부터 나 자신도 청렴의무를 성실하게 수행하여 청백리(淸白吏)[2]한 공무원이 되겠다고 다짐한다.

---

2) 청백리(淸白吏)란 청귀한 관직을 수행할 수 있는 능력과 품행이 단정하고 순결하며 자기 일신은 물론 가내까지도 청백하여 오천에 조종되지 않는 정신을 가진 관리 즉 소극적 의미인 부패하지 않은 관리가 아닌 적극적 의미의 깨끗한 관리를 가리킨다.

국가공무원법 제63조

제63조(품위 유지의 의무) 공무원은 직무의 내외를 불문하고 그 품위가 손상되는 행위를 하여서는 아니 된다.

'품위(品位)'란 사전적인 의미로는 사람이 갖추어야 할 위엄이나 기품 또는 사물이 지닌 고상하고 격이 높은 인상을 말한다.

따라서 공무원의 품위 유지란 공무원 의무를 다하여 좋은 평판을 유지하며 살아가는 태도를 말한다. 직책을 맡아 수행하기에 손색이 없는 인품을 말하는 것이다. 국민 입장은 바람직스럽지 못한 행위라고 판단되는 경우 사적인 행위까지 포함하고 있으며 적절하게 행동해야 하는 의미다.

공무원이 음주운전 · 성매매 · 불건전한 이성 교제 · 도박 · 폭행 · 마약 투여 등과 같이 비위 사실이 공무집행과 관련된 것이 아니더라도 공무원으로서의 체면 또는 위신을 손상한 때에는 징계사유에 해당한다. 공무원 직무의 내·외를 불문하고, 구체적 상황과 건전한 사회통념에 따라 판단한다.

따라서 본인은 물론 공직사회에 대한 국민의 신뢰를 실추시킬 우려가 있는 행위를 하지 않아야 할 의무라고 해석할 수 있다.

국가공무원법 제64조

제64조(영리업무 및 겸직 금지) 판례 ① 공무원은 공무 외에 영리를 목적으로 하는 업무에 종사하지 못하며 소속 기관장의 허가 없이 다른 직무를 겸할 수 없다.

영리업무는 계속적으로 재산상의 이득을 취하는 행위를 말한다. 공무원이 계속적으로 재산상의 이득을 취하는 영리업무는 다음 같은 네 가지 이유로 영리업무 금지를 법률로 정하고 있다.

(국가공무원 복무규정」 제25조).

① 공무원의 직무 능률을 떨어뜨리거나,

② 공무에 대하여 부당한 영향을 끼치거나,

③ 국가의 이익과 상반되는 이익을 취득하거나,

④ 정부에 불명예스러운 영향을 끼칠 우려가 있는 경우에는 그 업무에 종사할 수 없다.

계속성 기준은 ① 매일·매주·매월 등 주기적으로 행해지는 것, ② 계절적으로 행해지는 것, ③ 명확한 주기는 없으나 계속적으로 행해지는 것, ④ 현재하고 있는 일을 계속적으로 행할 의지와 가능성이 있는 것을 말한다.

겸직 허가는 (국가공무원 복무규정 제26조의 제1항의 다른 직무이다. 복무규정 제25조 본문에 따른 금지 요건에 해당하지 않는 영리업무를 말한다. 비 영리업무는 영리를 목적으로 하지 않는 계속성이 있는 업무를 말한다.

겸직하려는 행위가 누가 보더라도 명백하게 계속성이 없는 행위라고 볼 수 있는 경우가 아니라면, 반드시 소속 기관의 장에게 겸직 허가를 신청하여야 한다. 허가 기준은 겸직 허가 대상인 업무가 담당 직무 수행에 지장이 없는 경우에만 허가한다.

공무원

그대는 누구인가?
국민에 대한 봉사자
국민에게 서비스하는 자
사회 변화에 대응하는 자
봉사와 협업을 하는 자
새로운 정보 창출하는 자

국민에게 공감과 교감하는 자
누구에게나 감성과 공감하는 자
모험과 변화에 도전하는 자
국제 변화에 선도하는 자

주어진 소명 의식 가득한 자
신념과 의지가 강한 자
새로운 가치 창조하는 자

그대는 누구인가?
공무원은
국민 전체에 대한 봉사자이다.

8장 행복을 위한 헌법을 살펴보자

헌법 10조이다.

우리나라 모든 국민은 행복을 추구할 권리를 가진다. 국가는 교육과 인간다운 생활을 할 정책을 추진하며 국민을 보호해야 한다.

헌법 10조는 국민에게 제공하는 모든 기본권의 최우선 가치로서 권리가 된다.

헌법 10조

제10조 모든 국민은 인간으로서의 존엄과 가치를 가지며, 행복을 추구할 권리를 가진다. 국가는 개인이 가지는 불가침의 기본적 인권을 확인하고 이를 보장할 의무를 진다.

아리스토텔레스는 "행복은 삶의 의미이며 목적이고, 인간 존재의 궁극적 목표이며 지향점이다."라고 행복의 목적을 말했다. 행복은 인간의 권리인 것이다.

국민의 인권은 소중하다. 학생의 인권도 소중하고 교사의 가르치는 수업권도 소중하다. 의무와 책임이 제일이다.

칸트는 " 행복의 원칙 세 가지로,

첫째, 어떤 일을 할 것,

둘째, 어떤 사람을 사랑할 것,

셋째, 어떤 일에 희망을 가질 것"을 제시하였다. 오늘날 인간의 역할과 의무를 강조한 내용으로 해석된다.

모든 국민은 인간으로서의 존엄과 가치를 가지며, 행복을 추구할 권리를 가지므로, 국가는 이를 보장할 의무를 진다. 국가는 해야 할 일이 많다. 국민을 위한 국가로 거듭나야 하는 때이다.

누가 도와주어야 하나?

모든 국민은 존엄과 가치를 지닌다는 게 인간의 존엄성을 실현하는 수단으로 행복 추구권을 규정하고 있다.

헌법 34조

헌법 제34조 제1항은 모든 국민은 인간다운 생활을 할 권리를 가진다고 선언한 것이다.

국가가 국민이 최소한의 인간다운 생활을 할 수 있는 기회를 제공해야 한다는 것을 명시하고 있다.

헌법 34조

제34조
① 모든 국민은 인간다운 생활을 할 권리를 가진다.
② 국가는 사회보장·사회복지의 증진에 노력할 의무를 진다.
③ 국가는 여자의 복지와 권익의 향상을 위하여 노력하여야 한다.
④ 국가는 노인과 청소년의 복지향상을 위한 정책을 실시할 의무를 진다.
⑤ 신체장애자 및 질병·노령 기타의 사유로 생활 능력이 없는 국민은 법률이 정하는 바에 의하여 국가의 보호를 받는다.
⑥ 국가는 재해를 예방하고 그 위험으로부터 국민을 보호하기 위하여 노력하여야 한다.[3]

3) 헌법 https://law.go.kr

헌법 34조의 ⑤항과 ⑤항에 대하여 “국가의 의무”를 생각한다.

“국가는 노인과 청소년의 복지향상을 위한 정책을 실시할 의무를 진다. 신체장애인 및 질병·노령 기타의 사유로 생활능력이 없는 국민은 법률이 정하는 바에 의하여 국가의 보호를 받는다. 국가는 재해를 예방하고 그 위험으로부터 국민을 보호하기 위하여 노력하여야 한다.“

국가는 책임을 진다. ‘여자, 노인과 청소년, 신체장애인, 질병 · 노령자 등 사회적 약자들의 경우에 어려움이 많다. 국가는 이들에 대해 보호해야 한다는 점을 강조한다.

안전은 누가 책임지는가?

오늘날 국민은 각자도생의 삶이다.

누가 보호해야 할까?

왜 보호해야 할까?

어떻게 보호해야 할까?

국민의
자유는
국력에 비례한다.

- 루소 -

2부
초중등교육법 아는 만큼 행한다.

대한민국 교육기본법에 제시한 교육법을
잘 이해하는 게 중요하다.
학교의 교직원 임무와 역할을 알아본다.

초·중등교육법 제20조와 36조의 의미와 내용을
간단하게 살펴본다.
교육기본법의 학생 규칙 내용과,
보호자는 책임을 진다는 내용을 설명한다.

2부
초 · 중등교육법 아는 만큼 행한다.

1장 우리나라 교육기본법 어디까지 아니?

2장 모두 아름답게

3장 초·중등교육법을 살펴보자

4장 학교에는 교원을 둔다

5장 교직원에겐 임무가 다 있다

6장 초·중등교육법 시행령

1장 대한민국의 교육기본법

교육기본법은 우리나라 교육제도에 대한 기본법이며 교육행정의 기본 지침이 되는 법률이다. 대한민국의 교육기본법 제1장 목적과 교육이념을 살펴본다.

교육기본법 제1장 총칙

제1조 (목적)
이 법은 교육에 관한 국민의 권리·의무 및 국가·지방자치단체의 책임을 정하고 교육제도와 그 운영에 관한 기본적 사항을 규정함을 목적으로 한다.
제2조 (교육이념)
교육은 홍익인간(弘益人間)의 이념 아래 모든 국민으로 하여금 인격을 도야(陶冶)하고 자주적 생활능력과 민주시민으로서 필요한 자질을 갖추게 함으로써 인간다운 삶을 영위하게 하고 민주국가의 발전과 인류공영(人類共榮)의 이상을 실현하는 데에 이바지하게 함을 목적으로 한다.

교육기본법에 교육의 이념이 구체적으로 제시되어 있다.
홍익인간(弘益人間)은 우리나라의 교육이념이다.

공자는 논어 학이편 제1장에 "學而時習之 不亦說乎(학이시습지 불역열호)", "배우고 때때로 익히면 또한 즐겁지 아니한가."라는 말이 있다. 배운다는 것은 무엇인가?

배우고 익히는 게 학습이고 공부다. 무엇을 알려면 즐거움으로 배워야 잘 알게 되는 것이다. 지식은 배우고 익힌다는 뜻이다.

우리나라는 세계에서 교육열이 가장 높은 나라이다.

오래전부터 입신양명을 위해, 가난을 벗어나기 위해, 공부를 열심히 했다. 교육 환경이 좋다고 하는 곳은 교육열이 뜨겁다. 지금도 부모들은 교육에 관심을 가지고 열심히 자녀 교육을 지원하고 있다. 모두 미래를 위하여 최선을 다해 노력한다.

맹모삼천지교(孟母三遷之敎)는 "맹자의 어머니가 아들의 교육을 위해 세 번 이사를 한 가르침"이다. 교육(敎育)을 위해 좋은 환경을 찾아 세 번이나 이사한 맹자 어머니의 이야기다. 자녀 교육은 주변의 환경이 매우 중요하다는 의미다.

앨빈 토플러(Alvin Toffler, 1928~2016, 미국, 미래학자)는 "21세기 문맹인은 읽고 쓸 줄 모르는 사람이 아니라, 배운 것을 잊고, 새로운 것을 배울 수 없는 사람이다"라고 말했다. 새로운 세상을 대비하라는 의미다.

미래는 상상력이 중요하고, 공부하고, 정보화 능력을 배우고 익혀야 한다는 주장이다. 미래를 위해 새로운 것을 평생 배우는 마음가짐이 중요하다.

그는 "한국의 학생들은 하루 15시간 이상 학교와 학원에서 미래에는 존재하지도 않을 지식과 직업을 위해 공부한다."라고 지적했다. 이는 새로운 지식을 학습해야 한다는 미래의 메시지를 전하고 있다.

또한 "미래는 예측하는 것이 아니고 상상하는 것이다. 따라서 미래를 지배하는 힘은 읽고, 생각하고, 정보를 전달하는 능력에 의해 좌우된다"라고 말했다. 평생교육이 중요한 시대이다. 미래는 새로운 것을 창조하는 창조자를 필요로 한다. 학교를 졸업한 이후에도 끊임없이 배우는 능력이 필요하다.

미래를 위한 대비는 무엇일까?
지금의 학생들에게 무엇을 가르쳐야 할까?

우리나라의 교육이념은 "홍익인간"이다.
나는 홍익인간인가?

알버트 아인슈타인은 "지식보다 중요한 것은 상상력이다."라고 말했다. 상상력이 곧 창의력이다. 창의력이 중요하다는 의미다. 학교 교육은 변해야 한다.

미래는 세상을 상상하며 다르게 보고 생각하는 창의력이 요구된다.

앎은 우리의 삶이다.

삶은 곧 앎을 행하는 것이다.

'세상은 아는 만큼 보인다'라고 하지 않던가. 삶은 배움이고, 배움은 행함을 즐겁게 하는 것이다. 행함은 배운 것을 사회에 이바지하라는 의미다.

'배워서 남 준다.'라는 말이 생각난다.

교사의 앎은 배움이고, 삶은 가르치는 행함이다. 이 또한 즐겁지 아니한가?

교육기본법

대한민국의 교육기본법 9조 학교 교육에 관한 내용이다.

교육기본법 제9조

제9조 (학교 교육) ①유아교육・초등교육・중등 교육 및 고등 교육을 실시하기 위하여 학교를 둔다. ②학교는 공공성을 가지며, 학생의 교육 외에 학술과 문화적 전통을 유지・발전시키고 주민의 평생교육을 위하여 노력하여야 한다. ③학교 교육은 학생의 창의력 계발 및 인성(人性) 함양을 포함한 전인적(全人的) 교육을 중시하여 이루어져야 한다. ④학교의 종류와 학교의 설립・경영 등 학교 교육에 관한 기본적인 사항은 따로 법률로 정한다.

교육기본법 제9조 ③항 “학교 교육은 학생의 전인교육을 중시하여야 한다”이다.

학교는 전인교육을 중시하며 가르치느라 고생이 너무 많다. 요즈음 학교는 수능 대학입시 준비하는 기관처럼 느껴진다. 대한민국 모든 학교가 다 그러하지는 않다.

교육기본법의 인간 세상을 널리 이롭게 한다는 의미를 되새기며 대한민국의 전인교육을 바르게 실천할 때이다.

교육기본법 제9조 ②항은

"학교는 공공성을 가지며, 학생의 교육 외에 학술과 문화적 전통을 유지·발전시키고 주민의 평생교육을 위하여 노력하여야 한다. 그리고 주민의 평생교육을 위하여 학부모 교육을 추진하고 노력하고 있다. 학교는 학생을 가르치고 학부모를 위하여 성실하게 추진하고 있다. 교육 내용에 감사하고 고마워하면 좋은 일이다.

③항은 "학교 교육은 학생의 창의력 계발 및 인성(人性) 함양을 포함한 전인적(全人的) 교육을 중시하여 이루어져야 한다 ."이다. 학교는 학생의 인성 함양과 창의력을 계발시키는 곳이다.

따라서 공익적 요소는 매우 중요하다. 전통을 유지하고 발전을 위해 공공성을 가지며 공익을 발휘해야 한다.

미국의 케네디 대통령은 "국가는 시민의 하인이지 주인이 아니다. "라고, 말했다.

국가는 학교에서 학생들의 창의력 계발을 위한 교육을 해야지 입시 위주의 교육을 하는 것은 법의 어디에도 없다. 단지 시험을 치르고 성적을 매겨 석차로 학생을 점수로 줄을 세우는 것이다.

교육기본법 12조(학습자)

학교는 학생을 교육한다.

교육을 받는 "학생은 학습자로서의 윤리 의식을 확립하고, 학교의 규칙을 준수하여야 하며, 교원의 교육·연구 활동을 방해하거나 학내의 질서를 문란하게 하여서는 아니 된다."라고 교육기본법에 기록되어 있다. 다만 이 법을 지키지 않으니 걱정이다.

교육기본법 제12조(학습자)

제12조(학습자) ① 학생을 포함한 학습자의 기본적 인권은 학교 교육 또는 평생교육의 과정에서 존중되고 보호된다. <개정 2021.9.24> ② 교육 내용·교육 방법·교재 및 교육시설은 학습자의 인격을 존중하고 개성을 중시하여 학습자의 능력이 최대한으로 발휘될 수 있도록 마련되어야 한다. ③ 학생은 학습자로서의 윤리 의식을 확립하고, 학교의 규칙을 준수하여야 하며, 교원의 교육·연구 활동을 방해하거나 학내의 질서를 문란하게 하여서는 아니 된다.

학생은 학교의 규칙을 준수하여야 하도록 학교 교칙이 있다. 다만 이를 지키지 않을 때 학교의 사정에 따라 많이

적용하지 않는 때도 있다. 훈계하며 규칙 적용하면 민원 발생하기 때문에 그냥 무시하다 보니 습관 되었나 보다.

오늘날의 학생이 예절을 잘 지키지 않는 것 같다.

교사의 교육권은 공적인 교육체제에서 학부모의 위임을 받아 학교에서 아동을 교육하는 성격을 지니고 있다. 교사의 교육권은 교사의 직권에 의해 성립되는 것으로 보고 있다.

학교장은 징계와 관련하여 학생을 지도할 때는 학칙이 정하는 바에 따라 훈육 · 훈계 등의 방법으로 하되, 도구, 신체 등을 이용하여 학생의 신체에 고통을 가하는 방법을 사용해서는 아니 된다.

학교의 장은 교육상 필요한 때에는 법령 및 학칙이 정하는 바에 의해 학생을 징계하거나 기타의 방법으로 지도할 수 있다. 그럴 뿐만 아니라 학교장은 교육상 필요하다고 인정할 때는 학생에 대하여 다음 어느 하나에 해당하는 징계를 할 수 있다.

학교 내의 봉사, 사회봉사, 특별교육 이수, 1회 10일 이내, 연간 30일 이내의 출석정지를 할 수 있다. 학생의 보호자와 학생의 지도에 관하여 상담을 할 수 있다. 단, 의무교육 과정에 있는 학생을 퇴학시킬 수 없다.

교육기본법을 알아보자

교원의 신분은 존중된다. 교육기본법에 제시된 교원(敎員)의 신분에 관한 내용이다.

교육기본법 제14조(교원)

① 학교 교육에서 교원(敎員)의 전문성은 존중되며, 교원의 경제적·사회적 지위는 우대되고 그 신분은 보장된다.
② 교원은 교육자로서 갖추어야 할 품성과 자질을 향상시키기 위하여 노력하여야 한다.
③ 교원은 교육자로서 지녀야 할 윤리 의식을 확립하고, 이를 바탕으로 학생에게 학습 윤리를 지도하고 지식을 습득하게 하며, 학생 개개인의 적성을 계발할 수 있도록 노력하여야 한다. <개정 2021. 3. 23.>
④ 교원은 특정한 정당이나 정파를 지지하거나 반대하기 위하여 학생을 지도하거나 선동하여서는 아니 된다.
⑤ 교원은 법률로 정하는 바에 따라 다른 공직에 취임할 수 있다.
⑥ 교원의 임용·복무·보수 및 연금 등에 관하여 필요한 사항은 따로 법률로 정한다.

교원(敎員)의 신분보장에 대하여 ①항은

“학교 교육에서 전문성은 존중되며, 교원의 경제적·사회적 지위는 우대되고 그 신분은 보장된다.”이다. 교사의 전문성이 존중되고 우대되고 있는지는 교원들만 안다.

지금의 사회와 학교 상황은 어떠한가?

사회적 측면에서 ②항을 준수하려 교원은 교육자로서 갖추어야 할 올바른 품성과 가르치는 데 필요한 자질을 향상시키기 위하여 큰 노력을 한다.

일부 교원은 사회적으로 손가락질받기도 한다. 교원 한 사람이 저지른 나쁜 짓으로 인해 그 사람의 속한 교원단체의 이미지를 수치스럽게 만드는 경우가 가끔 발생한다.

속담으로는 ‘어물전 망신은 꼴뚜기가 다 시킨다’가 있다.

그렇다고 교원을 어물전으로 표현하는 것은 절대 아니다. 속담을 속담으로 이해해야 한다. 맑은 웅덩이에 미꾸라지 한 마리라 생각하면 된다. 교육자로서 지녀야 할 윤리 의식을 확립하고 모범적인 행동을 보여야 하는 게 교원이다.

③항을 실천하는 교원으로서

학생에게 학습 윤리를 지도하고 지식을 습득하게 하는 과정에서 문제점이 많이 발생한다. 학생들은 질서와 규칙을 어기는 경우가 많아지고 있다. 말로 윤리를 가르치고 있으나 듣지도 않고 실천하지도 않는다. 어찌하랴. 특별한 방도가 없다. 교사의 생활교육도 점점 힘들어지고 있다.

학생들의 학교생활 교육법이 필요한 시점이다.

④항은 "특정한 정당이나 정파를 지지하거나 반대하기 위하여 학생을 지도하거나 선동하여서는 아니 된다."이다.

요즈음 사회 현상으로 보면 법은 이렇게 되어 있다지만 현재 학교의 상황은 거리가 멀다.

아름답게

국가는 나라답게
교육제도는 교육답게

교육은 사람답게
학교는 아름답게
교사는 스승답게
부모는 학부모답게
학생은
잘 배워 나답게

모두 다 아름답게

3장 초·중등교육법 살펴보자

교육기본법의 교원

에머슨은 "교사가 지닌 능력의 비밀은 인간을 변모시킬 수 있다는 확신이다."라고 말했다. "교사의 임무는 독창적인 표현과 지식의 희열을 불러일으켜 주는 일이다."라고 아인슈타인은 말했다. 교사가 공익 임무를 수행하는데 중요성을 강조하는 내용이다.

교육기본법 14조(교원)는

교원의 신분에 관한 내용으로 ①항에는 "학교 교육에서 교원의 전문성은 존중되며, 교원의 경제적·사회적 지위는 우대되고 그 신분은 보장된다"이다.

오늘날 과연 교사의 전문성이 존중되는지 묻고 싶다. 교사는 가르치는 전문가이다.

교육기본법 14조(교원)에 대해 살펴보자. 한 교원의 신분과 자세를 제시하고 있다.

교육기본법 제14조(교원)

第14조 (교원) ① 학교 교육에서 교원의 전문성은 존중되며, 교원의 경제적·사회적 지위는 우대되고 그 신분은 보장된다. ② 교원은 교육자로서 갖추어야 할 품성과 자질을 향상시키기 위하여 노력하여야 한다. ③ 교원은 교육자로서의 윤리 의식을 확립하고, 이를 바탕으로 학생에게 학습 윤리를 지도하고 지식을 습득하게 하며, 학생 개개인의 적성을 계발할 수 있도록 노력하여야 한다. <신설 2005. 11. 8.> ④ 교원은 특정 정당 또는 정파를 지지하거나 반대하기 위하여 학생을 지도하거나 선동하여서는 아니된다. ⑤ 교원은 법률이 정하는 바에 의하여 다른 공직에 취임할 수 있다. ⑥ 교원의 임용·복무·보수 및 연금등에 관하여 필요한 사항은 따로 법률로 정한다.

오늘날 교원은 존중받는가?

나는 존중받을 자격이 있는가?

중용(中庸)의 내용 중 일부분이다.

"군자는 홀로 있을 때 스스로 삼가는 것이다." 최근 들어 한마디의 발언과 태도에 신경이 많이 쓰인다. 학생에게 무심코 던지지는 내 말 이 막말, 성희롱, 무시, 모욕, … 존중하는 언어 사용하고 싶은 나에게 '침묵이 금이다'를 실감한다.

퇴직하는 날 '그동안 정말 수고 많이 하셨습니다. 자랑스럽습니다'를 들으며 '손뼉 칠 때 떠나라' 그날을 생각한다. 실수와 잘못도 많이 있었다. 한번 실수는 병가지상사라는데 나에게는 관대하고 학생에게는 그렇지 못했던 기억이 난다. 학생들 앞에서 말과 행동이 거칠었던 기억도 생생하다. 말과 행동을 엄격하게 하여야 한다고 다시 다짐한다.

②항에는 "교원은 교육자로서 갖추어야 할 품성과 자질을 항상 시키기 위하여 노력하여야 한다"이다.

건강한 국민의 삶을 살아가는 민주시민이고 교사 스스로 갖추어야 할 품성과 자질은 많다.

학교생활에서 겸손과 학생들에 대한 경청을 많이 필요로 한다. 학생을 이해하고 돕는 태도가 내면화 되어야 한다. 상호 존중과 배려가 몸에 배어서 내면화되길 행동하려고 노력해야 한다.

한 번 더 다짐한다.

과거를 돌아보면 올바른 언어의 사용과 복장, 학생을 대하는 눈빛과 용어가 점잖게 하지 못한 것 같다.

지난 시절을 다시 생각해 보면 크게 반성한다. 이유 없이 잘못했음을 인정한다. 이제는 말할 수 있다. 그때를 잘못 용서해 달라고. 교원은 그 자체가 행복이다. 학교생활의 즐거움과 보람이 기다리는 일이다.

③항에는

"교원은 교육자로서의 윤리 의식을 확립하고, 이를 바탕으로 학생에게 학습 윤리를 지도하고 지식을 습득하게 하며, 학생 개개인의 적성을 계발할 수 있도록 노력하여야 한다" 이다.

학생에게 기초적인 윤리는 잘 지키도록 가르친다. 다만 학생들이 실천하지 않고 지내는 모습을 보니 안타까울 따름이다.

초등학교에서의 바른 생활 덕목이다. 수업 시간 지식과 기술 습득에 윤리 덕목을 함양시키며 질서와 규칙 준수의 교육이 중요하다. 교과 분야에 해박한 식견을 갖추고 교과 교육과정 개발자로서 평가자로서 교과 전문성을 함양한다.

④항은 "교원은 특정 정당 또는 정파를 지지하거나 반대하기 위하여 학생을 지도하거나 선동하여서는 아니 된다."이다.

이는 진짜 중요하다. 요즈음에는 일부 교원이 콩밭에 있는 경우를 가끔 보게 된다. 특히 교사는 가르치는 전문성이 중요하다. 교직의 특수성이 있기 때문이다. 미성년자를 가르친다. 요즘 고등학교는 학생들의 성향에 따라 다르다. 일부는 정치적인 이념이 왜곡되거나 판단 잘 못하는 경우가 있기 마련이다. 언행일치에 대한 의미를 잘 이해하고 조심해야 한다. 사회의 변화에 정치적으로 민감한 사항은 건전한 의사소통의 기술을 갖출 수 있어야 한다. 수업 시간에 의사소통을 원활히 할 수 있어야 한다.

⑥항의 "교원의 임용·복무·보수 및 연금 등에 관하여 필요한 사항은 따로 법률로 정한다." 교사는 별도로 정하는 초·중등교육법에 따라 보장된다. 연금 개혁을 추진한다는데 퇴직 후 연금 보장과 생활이 걱정이다. 과거 몇 번의 공무원 연금 개혁을 했다. 요즈음에도 개혁을 시도하고 추진하고 있다.

공무원 연금과 군인연금은 이미 상당한 수준의 적자를 매년 국가재정으로 보전하고 있다. 그렇지만 어찌하랴. 연금 개혁이 정치적으로 어려운 것이 사실이나 모두 합심하여 성공적으로 매듭짓기를 바랄 뿐이다.

교육이 백년대계(百年大計)라고 한다. 백년대계라는 말이 점차 십 년 대계도 안되는 상황을 너무나도 많이 겪으며 지내왔기에 새삼스럽지 않다. 교육정책이 백 년의 그림을 그리지 못하는 데에는 이유가 있다. 이를 찾아서 해결해야 하는데 걱정이다.

누구의 책임이 클까?

학생, 학부모, 교육감, 교육부 장관, 국회, 대통령….

국민투표로 정권이 새로 들어설 때마다 지속되는 정책이 별로 없고 새로운 교육정책이 등장하고 있다. 미래를 위한 좋은 제도는 유지 발전이 바람직하다. 제도는 아무도 책임지지 않는 우리나라 교육의 상황이다. 그동안 교육 현장인 학교에서 바라본 사실이다.

교육부와 교육청의 정책 담당자들은 수년이면 자리가 싹 바뀌고 있는 현실이다. 교육부에서 임기 동안 교육정책을 책임질 수 있을지 의문이다. 교육이 잘 되었는지 잘 못 되었는지 결과가 궁금하다. 교육은 백년대계인데 달라지기를 기대만 하고 있다. 교육의 정치적 중립성 실현을 명분으로 직선제가 도입됐다.

그러나 오늘날의 현실은 어떠한가?

교육을 통해 국가 경쟁력을 계속 키워가야 할 미래지향적인 교육정책을 마련하여야 할 것이다.

괜찮은 교사

좋은 교사는 견디는 선생님이다.
즐겁지만 마음 아픈 교사
그들에게 상처 입은 교사
속상한 마음과 정신과 육체가 힘든 교사
모두 다 좋은 교사이다.

좋은 교사는 부드러운 선생님이다.
따뜻하게 격려하고 인정받는 교사
열정과 사랑으로 희망을 주는 교사
보람과 만족이 충만한 긍정적인 교사
사랑스러운 교사이다.

이 세상에 공짜는 없다.
아픈 상처 없기를 바라지마오.
아픔은 성숙해지게 하며 성장하게 한다.
상처 딛고 일어서는 성찰하는 교사
그대여 진정 괜찮은 교사다.

대한민국 초 · 중등교육법

대한민국 초·중등교육법을 살펴본다. 우리나라 초·중등교육법 제19조의 교직원의 구분은 다음과 같다.[4] 2013년 당시의 법과 현재의 내용이 다름을 살펴본다.

초 · 중등교육법 제19조(교직원의 구분)

① 학교에는 다음 각호의 교원을 둔다. <개정 2019.12.3.>
1. 초등학교 · 중학교 · 고등학교 · 고등공민학교 · 고등기술학교나 특수학교에는 교장 · 교감 · 수석교사 및 교사를 둔다. 다만, 학생 수가 100명 이하인 학교나 학급 수가 5학급 이하인 학교 중 대통령령으로 정하는 규모 이하의 학교에는 교감을 두지 아니할 수 있다.

2. 각종학교에는 제1호에 준하여 필요한 교원을 둔다.
② 학교에는 교원 외에 학교 운영에 필요한 행정직원 등 직원을 둔다.
③ 학교에는 원활한 학교 운영을 위하여 교사 중 교무(교무)를 분담하는 보직교사를 둘 수 있다.
④ 학교에 두는 교원과 직원(이하 "교직원"이라 한다)의 정원에 필요한 사항은 대통령령으로 정하고, 학교급별 구체적인 배치 기준은 제6조에 따른 지도 · 감독기관(이하 "관할청"이라 한다)이 정하며, 교육부 장관은 교원의 정원에 관한 사항을 매년 국회에 보고하여야 한다. <개정 2013.3.23.>

---

4) 초、중등교육법 - 국가법령정보센터
https://glaw.scourt.go.kr

초·중등교육법 제19조 제1항은 각급 학교에 교장·교감·수석교사 및 교사를 둔다고 규정하고 있다.

제19조 ①항 "학교에는 다음 각호의 교원을 둔다. 1. 초등학교 · 중학교 · 고등학교 · 고등공민학교 · 고등기술학교나 특수학교에는 교장 · 교감 · 수석교사 및 교사를 둔다."이다.

1교에 1 수석교사를 두어야 한다는 규정이 있었다. 그런데 이 규정은 교육부에서 2013년에 삭제해 버렸다.

그 이유가 무엇인가?

이 규정이 아직도 그대로인 이유는?

수석교사를 교장·교감·일반 교사 등 다른 교원들과 구별되는 별도의 교원, 즉 정원 외 교원으로 분류하고 있다.

수석교사 제도 법제화 10여 년이 지나고 있다. 수석교사 제도의 미비가 가져온 혼란과 우리나라 학생들과 교사들에게 미친 손해는 누가 보상하는가?

현재 법에는 이렇게 구분되어 있는데 제대로 시행하지 않는 이유는 무엇일까?

왜 수정되지 않았을까?

꼭 필요한데 필요하지 않은가?

교권의 존중과 신분보장에 관한 내용

교권은 무엇일까?

교권의 존중과 신분보장, 교육공무원법 43조(교권의 존중과 신분보장)를 살펴보자.

교육공무원법
제43조(교권의 존중과 신분보장)

> 제43조(교권의 존중과 신분보장)
> ① 교권(敎權)은 존중되어야 하며, 교원은 그 전문적 지위나 신분에 영향을 미치는 부당한 간섭을 받지 아니한다.
> ② 교육공무원은 형의 선고나 징계처분 또는 이 법에서 정하는 사유에 의하지 아니하고는 본인의 의사에 반하여 강임·휴직 또는 면직을 당하지 아니한다.
> ③ 교육공무원은 권고에 의하여 사직을 당하지 아니한다.

①항에서 "교권(敎權)은 존중되어야 하며 교원은(교장·교감·수석교사 및 교사) 그 전문적 지위나 신분에 영향을 미치는 부당한 간섭을 받지 아니한다."이다.

이 문장은 당연한 내용 같은데 법적인 문장으로만 존재한다.

저자만의 느낌일까?

교사는 '전문적 지위'인가? '전문직'인가?

교원은 모두 '헌법'과 법률이 정하는 바에 의하여 신분이 보장된다. '헌법'은 공무원의 신분보장을 천명하고 있으며, '교육기본법', '국가공무원법', '교육공무원법', '사립학교법', '교원지위법' 등에 의해서도 교원의 신분은 보장된다.

또한 국가공무원 복무규정 제15조(연가 일수)에 의하면, 공무원의 재직기간별 연가 일수는 다르다.

4장 학교에는 교원을 둔다

우리나라의 교원자격제도는 국가가 주관하는 무시험 및 시험 검정에 의한 자격검정 관리체제를 유지해 왔다. 초·중등교육법 제21조의 '교원의 자격'은 참고하면 된다.

[제21조, 교원의 자격]

제21조(교원의 자격) ① 교장과 교감은 별표 1의 자격 기준에 해당하는 사람으로서 대통령령으로 정하는 바에 따라 교육부 장관이 검정(檢定)·수여하는 자격증을 받은 사람이어야 한다. <개정 2013. 3. 23.>

② 교사는 정교사(1급·2급), 준교사, 전문상담교사(1급·2급), 사서교사(1급·2급), 실기교사, 보건교사(1급·2급) 및 영양교사(1급·2급)로 나누되, 별표 2의 자격 기준에 해당하는 사람으로서 대통령령으로 정하는 바에 따라 교육부 장관이 검정·수여하는 자격증을 받은 사람이어야 한다. <개정 2013. 3. 23.>

③ 수석교사는 제2항의 자격증을 소지한 사람으로서 15년 이상의 교육경력(「교육공무원법」 제2조 제1항 제2호 및 제3호에 따른 교육 전문 직원으로 근무한 경력을 포함한다) 을 가지고 교수·연구에 우수한 자질과 능력을 갖춘 사람 중에서 대통령령으로 정하는 바에 따라 교육부 장관이 정하는 연수 이수 결과를 바탕으로 검정·수여하는 자격증을 받은 사람이어야 한다.

교원의 자격

교원은 임무에 따른 자격에 대한 구체적인 자격증을 받은 자를 요구한다.

현재 교원의 신규임용은 교육부 장관으로부터 권한을 위임받은 임용권자(교육감)가 실시하는 경쟁 임용고시에 의하여 이루어지고 있다.

「교육공무원임용후보자 선정 경쟁시험 규칙」에 의하면 시험은 유치원·초등학교·중등학교·특수학교·실기·보건·사서·전문상담·영양 교사 등 9개 부문에 대한 임용후보자 선정 경쟁시험으로 분류된다.

시험은 1차·2차 시험(혹은 통합)으로 이루어진다.

통상 1차 필기시험의 경우 전국 교육감이 공동관리위원회를 구성하여 공동으로 한다. 대개 제1차 시험은 서술적 단답형·선택형 또는 논문형의 필기시험과 실기시험을 한다.

제2차 시험은 논문형의 필기시험, 실기시험 및 면접시험으로 실시하며, 시험과목 및 배점 비율은 시험실시기관이 정한다.

수석교사는 대통령령으로 정하는 바에 따라 교육부 장관이 정하는 연수 이수 결과를 바탕으로 검정 · 수여하는 자격증을 받은 자이다.

교직원의 구분

우리나라 초·중등교육법에 학교 교직원은 다음과 같이 구분한다. 초·중등교육법 제19조 제1항 제1호 각급 학교에 교장·교감·수석교사 및 교사를 둔다고 규정하고 있다.

초 · 중등교육법
제19조(교직원의 구분

① 학교에는 다음 각호의 교원을 둔다. <개정 2019.12.3.> 1. 초등학교 · 중학교 · 고등학교 · 고등공민학교 · 고등기술학교나 특수학교에는 교장 · 교감 · 수석교사 및 교사를 둔다. 다만, 학생 수가 100명 이하인 학교나 학급 수가 5학급 이하인 학교 중 대통령령으로 정하는 규모 이하의 학교에는 교감을 두지 아니할 수 있다. 2. 각종학교에는 제1호에 준하여 필요한 교원을 둔다. ② 학교에는 교원 외에 학교 운영에 필요한 행정직원 등 직원을 둔다. ③ 학교에는 원활한 학교 운영을 위하여 교사 중 교무(교무)를 분담하는 보직교사를 둘 수 있다. ④ 학교에 두는 교원과 직원(이하 "교직원"이라 한다)의 정원에 필요한 사항은 대통령령으로 정하고, 학교급별 구체적인 배치 기준은 제6조에 따른 지도 · 감독기관(이하 "관할청"이라 한다)이 정하며, 교육부 장관은 교원의 정원에 관한 사항을 매년 국회에 보고하여야 한다. <개정 2013.3.23>

수석교사제 시행하는 2011년에 법 제정 당시에는 수석교사의 배치 기준이 1교 1 수석교사제이다.

초·중등교육법에 근거하고 있다.

수석교사는 대한민국의 유 · 초 · 중 · 고등학교의 교사 중 수업 전문성이 뛰어난 교사들이 교감이나 교장 등의 관리직으로 승진하지 않고도 일정한 대우를 받고 지속해서 교단에서 교직 생활을 할 수 있도록 하며, 교원의 전문성 제고를 위해 도입된 제도이다.

수석교사는 2011년 법제화되어 각 시도 교육청의 각급 학교에 배치되고 있다. 단 모든 학교에 수석교사가 선발되어 배치되어 근무하는 것은 아니다. 교원은 교장, 교감, 수석교사, 교사이다.

초·중등교육법의 제20조이다.

③ 수석교사는 교사의 교수·연구 활동을 지원하며, 학생을 교육한다.

2011.7.25. 개정 전 초·중등교육법 제19조의 교직원의 구분은 다음과 같다.[5]

제19조(교직원의 구분)
① 학교에 두는 교원은 다음 각호와 같다. <개정 1999.8.31, 2011.7.25>
2. 초등학교·중학교·고등학교·공민학교·고등공민학교·고등기술학교나 특수학교에는 교장·교감·수석교사 및 교사를 둔다. 다만, 학생수 100명 이하인 학교 또는 학급수 5학급 이하인 학교중 대통령령으로 정하는 일정 규모 이하의 학교에는 교감을 두지 아니할 수 있다.
3. 각종학교에는 제1호 및 제2호의 규정에 준하여 필요한 교원을 둔다.
② 학교에는 교원 외에 학교 운영에 필요한 행정직원 등 직원을 둔다.
③ 학교에 두는 교원과 직원(이하 "교직원"이라 한다)의 정원·배치 기준 등에 관하여 필요한 사항은 대통령령으로 정하고, 교육과학기술부 장관은 교원의 정원에 관한 사항을 국회에 매년 보고하여야 한다. <개정 2011.7.25>

5) 초、중등교육법 - 국가법령정보센터
https://glaw.scourt.go.kr

5장 교직원에겐 임무가 다 있다

우리나라에는 각 학교에 교직원이 있다. 교직원은 교장, 교감, 수석교사, 교사, 행정직원이 있다. 초·중등교육법의 제 20조 교직원의 임무를 살펴보자.

학교 교육 정상화를 위하여 교사인 '내'가 할 수 있는 일이 무엇인가를 찾아서 실천하는 일이 중요하다.

제 20조, 교직원의 임무[1]

> ① 교장은 교무를 통할(統轄)하고, 소속 교직원을 지도·감독하며, 학생을 교육한다.
> ② 교감은 교장을 보좌하여 교무를 관리하고 학생을 교육하며, 교장이 부득이한 사유로 직무를 수행할 수 없을 때는 교장의 직무 대행한다. 다만, 교감이 없는 학교에서는 교장이 미리 지명한 교사가 교장의 직무를 대행한다.
> ③ 수석교사는 교사의 교수·연구 활동을 지원하며, 학생을 교육한다.
> ④ 교사는 법령에서 정하는 바에 따라 학생을 교육한다.
> ⑤ 행정직원 등 직원은 법령에서 정하는 바에 따라 학교의 행정사무와 그 밖의 사무를 담당한다.

학교 교직원의 임무이다. 교장, 교감, 수석교사, 교사의 임무에는 공통으로 해야 할 내용이 있다.

중요한 사항으로 "~학생을 교육한다"이다. 학교 모든 교직원은 각각 교장의 임무, 교감, 수석교사, 교사 임무가 모두 학교에서 학생을 가르치는 이유이다.

간단하게나마 살펴본다.

①항의 교장의 역할이다.

"학교장은 소속 학교의 전 교직원을 관리 감독한다. 교무를 통할(統轄)하고, 소속 교직원을 지도·감독하며, 학생을 교육한다.: 이다. 교장의 역할은 학생, 학부모, 교사 등의 학교 공동체가 상호 존중할 수 있도록 관계를 유지한다. 교장의 역할은 매우 막중하며 영향력이 크다.

교사와의 관계는 관리 감독이라는 구체적 과업을 중심으로 이루어지는 관계이며, 부장 교사와 본질적 활동은 업무적인 측면에서 상호작용이 매우 많다. 도움을 요청하고, 문제의 해결을 위해 서로를 존중하는 단계까지 발전해야 한다.

따라서 교장은 부장 교사, 교감, 교사와 이루어지는 상호작용의 내용에 의해 인간관계에 영향을 받는다. 학교 구성원의 요구사항을 경청하여 합리적으로 해결하여 지도력을 발휘하는 것이다.

②항은 교감의 역할이다.

“교감은 교장을 보좌하여 교무를 관리하고 학생을 교육하며, 교장이 부득이한 사유로 직무를 수행할 수 없을 때는 교장의 직무 대행한다. 다만, 교감이 없는 학교에서는 교장이 미리 지명한 교사가 교장의 직무를 대행한다”로 되어 있다.

교감은 여러 가지 학교 업무 분장, 인사 조직, 교내·외 행사 등에 있어 원활한 의사소통을 하여 교직원의 화합과 교장과 공동책임자로의 균형감각을 유지하며 역할을 한다.

초·중등교육법 제20조 제③항은 수석교사에게 학생 기본 직무 외에 교사의 교수·연구 활동 지원이라는 특수한 직무를 부여한다.

첫째, 담당 교과 수업을 담당하며, 상시 수업을 공개한다.
둘째, 동료 교사의 수업을 참관하고 전문성을 지원한다.
셋째, 교사에게 연수 및 교수학습 자료를 제공한다.

④항은 “교사는 법령에서 정하는 바에 따라 학생을 교육한다.”라는 것으로 되어 있다.

교사의 주요 업무는 크게 수업, 학급 담임, 행정업무를 담당한다. 학교의 사정에 따라 일부 경력 교사는 부서의 업무를 총괄하는 부장 교사의 업무를 주로 담당하고 있다.

저 경력 교사나 중 경력 교사들은 대부분 학급의 담임 업무를 하고 있다. 일부 고경력 교사도 담임 업무를 하는 경우도 발생한다. 담임교사는 감수성이 예민한 학생들에게 영향력을 미친다. 담임교사와 학생과의 관계는 학교생활의 행복을 좌우한다. 교사는 학생을 사랑하고 학생은 교사를 존중하는 상호 신뢰감이 중요하다.

“교육의 질은 교사의 자질과 능력에 달려 있다”라고 한다.

1948년 제헌의회에서 제정한 교육법 ④항은 우리나라 교육법 제정 당시에는 “교사는 교장의 명을 받아 학생을 교육한다.”라는 것으로 되어 있다.

과거에는 종종 교장이 시키면 시키는 대로 하는 것이 관례였고 늘 그렇게 해왔다. 이런저런 과정을 거쳐 1998년 교육기본법, 초·중등교육법을 제정하면서 교사의 법적 임무가 '교장의 명'이 아닌 '법령에서 정하는바'에 따라 학생을 교육하는 것으로 변경되었다.

무엇이 달라졌을까?

학교의 어떤 일에 대해 '법령'의 내용이 무엇인지에 대해서 살펴봐야 한다.

지금의 초·중등교육법 제20조 ④항은 "교사는 법령에서 정하는 바에 따라 학생을 교육한다."라는 것으로 되어 있다. 학교의 교육 활동에 대해서 강요한다고 하더라도 교사와 교장이 토론하고 협의하여야 한다는 것이다.

오늘날 교사는 교육에 매우 중추적인 역할을 담당하는 것이다.

⑤에서는 "행정직원 등 직원은 법령에서 정하는 바에 따라 학교의 행정사무와 그 밖의 사무를 담당한다."이다. 교사와 행정직원 관계는 바늘과 실의 관계이다. 학교에서 일어나는 모든 일의 목적은 학생을 위한 일이다.

6장 초 · 중등교육법 시행령

2011.10.25. 당시의 초·중등교육법 시행령 제36조의3 (수석교사의 배치 기준) ①항이다.

"수석교사는 학교별로 1명씩 두되, 학생 수가 100명 이하인 학교 또는 학급 수가 5학급 이하인 학교에는 수석교사를 두지 아니할 수 있다."라고 되어 있다.

제36조의3
(수석교사의 배치 기준)

① 수석교사는 학교별로 1명씩 두되, 학생 수가 100명 이하인 학교 또는 학급 수가 5학급 이하인 학교에는 수석교사를 두지 아니할 수 있다.
② 수석교사는 학급을 담당하지 아니한다. 다만, 학교 규모 등 학교 여건에 따라 학급을 담당할 수 있다.
③ 제1항 및 제2항에서 규정한 사항 외에 수석교사의 배치에 필요한 구체적인 사항은 교육과학기술부 장관이 정하는 기준에 따라 관할청이 정한다.
[본조신설 2011.10.25]
[종전 제36조의3은 제36조의4로 이동] <2011. 10. 25.>

현재는 제36조의 3항(수석교사의 배치 기준) 1교 1수석교사 제대로 시행되고 있지 않다.

1교 1 수석교사는 법에만 있고 시행은 언제부터 가능할지 매우 궁금하다. 교육부와 시도 교육청의 수석교사 배치 의지가 있는가?

세상에 이런 법이~

법에는 있는데 어디에도 없는 것 같은 법이로다.
무늬만 있고 알맹이는 없는 법
우리나라에 이런 법이 여기에도 있네~

수석교사제도 어떻게 될까?

교육의 목표는
무엇을
사고하는가가 아니라
사고하기를
가르치는 것이다.

- 존 듀이(John Dewey) -

3부
세계 최초 인성교육법을 만들다

따듯한 말이 중요하다.
기본이 탄탄한 나라
기본이 바로 서는 나라
기본이 제일이다.
기본 생활 습관이 미래를 좌우한다.
늦었다고 생각할 때가 바로 제일 빠른 때이다.
지금이 새 출발 할 시작 지점이다.

3부
세계 최초 인성교육법을 만들다

1장 교육의 목적은 무엇인가?

언젠가를 생각하게 하는 하나의 문장이 있다. "우리는 민족중흥의 역사적 사명을 띠고 이 땅에 태어났다."라는 것으로 시작되는 국민교육헌장이다.

초·중·고등학교 교과서 첫 장 '국민교육헌장'의 한 문장을 기억나는 사람도 있을 것이다. 교육을 다시 생각하게 만드는 문구이다. 교육(education)의 사전적 의미는 '인간의 가치를 높이는 과정 혹은 방법'이란 뜻으로, 라틴어의 'educatio'에서 유래했다. '내면의 것을 끌어낸다.'라는 의미다. 능력을 끌어내는 게 교육이다.

아인슈타인은 "교육의 목적은 인격의 형성에 있다. 교육의 목적은 기계적인 사람을 만드는 데 있지 않고 인간적인 사람을 만드는 데 있다. 또한 교육의 비결은 상호 존중의 묘미를 알게 하는 데 있다. 일정한 틀에 짜여진 교육은 유익하지 못하다. 창조적인 표현과 지식에 대한 기쁨을 깨우쳐 주는 것이 교육자 최고의 기술이다."라고 말했다. 앎에 기쁨을 배움에 만족을 주는 게 교육이다. 교육을 다시 생각하게 한다.

나의 잠재 능력을 꺼내어 기르는 게 교육이다.

21세기를 학생들이 반드시 갖추어 할 능력은 무엇일까?

많은 학자는 학생이 반드시 갖추어 할 능력 네 가지를 다음과 같이 4C로 제시했다.

창의력(Creativity), 비판적 사고력(Critical Thinking), 의사소통 능력(Communication), 협업 능력(Collaboration)이다.

창의력(Creativity)은 새로운 개념을 찾아내거나, 새롭게 조합해 내는 것을 말하며, 비판적 사고능력(Critical Thinking)은 어떤 근거를 적절하게 사용하여 논리적인 절차에 따라 결론을 제시하는 능력을 말한다. 의사소통 능력(Communication)은 다른 사람들과 의사를 표현하고 상호 교류를 할 수 있는 능력이다. 다른 사람들과 함께 과제를 원만하게 수행하는 협력하는 협업 능력(Collaboration)을 4가지를 말한다. 학생들이 미래 시대에 필요한 역량을 함양하도록 준비시키는 교육이 중요하다.

4C 역량을 갖춘 융합인재는 미래 사회의 주인공이다. 각 분야의 전문가와 화합하는 인재이다.

인문학적 상상력과 과학기술 창조력을 갖춘 융합인재는 협업을 잘할 수 있는 인재로 세계화의 지름길이다. 덕후를 양성해야 한다. k- pop 음악, 예술 영화, 유튜브, 메이커,

스포츠 각각 창의적인 인재가 많이 양성되고 있다.

교육은 사람을 키우고, 사람은 미래를 열어간다. 많은 학자는 학생들이 미래 시대에 필요한 역량을 함양하도록 준비시키는 4C 교육이 중요하다고 강조하고 있다.

우리나라의 교육기본법 제2조를 다시 한번 살펴본다.

"교육은 홍익인간(弘益人間)의 이념 아래 모든 국민으로 하여금 인격을 도야(陶冶)하고 자주적 생활 능력과 민주시민으로서 필요한 자질을 갖추게 함으로써 인간다운 삶을 영위하게 하고 민주국가의 발전과 인류공영(人類共榮)의 이상을 실현하는 데에 이바지하게 함을 목적으로 한다."라고 규정한다.

홍익인간은 "널리 인간 세상을 이롭게 하라."라는 개념이다. 모든 사람이 어우러져 더불어 행복하게 살아가는 뜻으로 해석된다. 교육의 목적이자 우리나라 교육의 이념이다. 오늘날 우리나라 교육기관은 교사도 학생도 행복하지 못한 것이 현실이다. 여러 가지 이유가 있지만 오늘날 입시 위주 교육이 주원인이다. 이제는 국민 모두 교육의 본질을 회복해야 한다.

나에게 홍익인간은 무엇인가?

교육기본법에 존재하는 교육이념 홍익인간(弘益人間)이다. 홍익인간은 우리나라의 정체성이다.

홍익인간 교육을 더욱 충실히 해야 한다고 외친다. 홍익인간은 우리나라 교육이념이며, 지구촌의 교육을 생각하는 세계평화 교육의 주춧돌이다.

21세기를 학생들이 반드시 갖추어 할 능력은 무엇일까?

페스탈로치는 “가정은 도덕상의 학교다. 가정에서의 인성 교육은 중요하다.”라고 강조했다.

교육의 기본은 가정이다. 가정에서 자녀 교육과 부모의 교육에 대한 가치가 중요하다. 가정과 학교, 사회와 국가에서 기본이 바로 서는 교육을 시도해 보자.

기본을 잘 지키도록 가르치고 배우는 대한민국 홍익인간 교육을 희망한다.

인성 교육이 미래 교육이다

채근담에는 "윗사람에게 예절을 지키기는 어렵지 않으나, 아랫사람에게 예절 있게 하기는 오히려 어렵다. 윗사람을 섬기듯 아랫사람에게 예절이 바르지 않으면 표리부동한 성품으로 떨어지기 쉽다."라고 했다.

예절을 지키고 행하는 것은 나를 더욱 돋보이게 한다. 나는 내가 존중해야 존중받는다.

학교는 인간의 기본을 가르치는 곳이다.

학생은 이 나라의 미래 인재이고 기둥이다. 질서에 대해 기본을 지키도록 권장하는 인성 교육이 점점 더 힘들어지고 있다.

공자는 "예가 아니면 보지 말고, 예가 아니면 듣지 말고, 예가 아니면 행하지 말라."고 했다.

학교에서는 기본을 잘 지키는 교육을 추구한다. 교사와 학생이 신뢰하는 학교 교육을 해야 한다. 요즈음 예절을 배우려고 하지 않는 학생들이 너무 많이 나타나고 있어 안타깝다. 신뢰가 무너지는 지점이 이 부분이다.

요즘 학생들 예절이 없다고들 걱정을 많이 한다. 교육 현장에서 터져 나오는 교사의 불만은 위험 수위를 넘어섰다. 학생들의 불만도 있다. 일반적인 학교의 자연스러운 현상이다. 예절은 어른이 모범을 보이는 것이다.

벤자민 프랭클린은 "손윗사람에게 겸손하고, 동등한 사람에게는 예절 바르며, 아랫사람에게는 고결해야 한다."라고 예를 강조했다. 예절은 인간관계의 기본이다. 학교는 기본적인 학교생활 교육의 규칙과 질서가 필요하다.

인성 교육은 평생교육이다.

"세 살 버릇 여든까지 간다."는 속담이 있다. 인성은 한 사람의 됨됨이를 평가하는 기본이며 인간성이다. 인간성이 곧 인격이다.

국가는 사회에서 필요한 준법을 강조해야 한다. 방송에서 예절과 올바른 규칙 준수하는 홍보가 필요하다.

2장 인성교육진흥법은 세계 최초이다.

인성교육진흥법은 2014년 법 제정한 세계 최초로 인성교육진흥법을 만들었다. 인성 교육은 '자신의 내면을 바르고 건전하게 가꾸고 타인·공동체·자연과 더불어 살아가는 데 필요한 인간다운 성품과 역량을 기르는 것을 목적으로 하는 교육'이라고 정의하고 있다.

"예(禮), 효(孝), 정직, 책임, 존중, 배려, 소통, 협동"을 인성 교육 8개 주제라고 한다. 훌륭한 제도이지만 이를 실천하는 행동의 실천이 중요하다.

인성교육진흥법 제1조

제1조 (목적)이 법은 「대한민국 헌법」에 따른 인간으로서의 존엄과 가치를 보장하고 「교육기본법」에 따른 교육이념을 바탕으로 건전하고 올바른 인성(人性)을 갖춘 국민을 육성하여 국가사회의 발전에 이바지함을 목적으로 한다.
제5조(인성 교육의 기본방향) ① 인성 교육은 가정 및 학교와 사회에서 모두 장려되어야 한다.
② 인성 교육은 인간의 전인적 발달을 고려하면서 장기적 차원에서 계획되고 실시되어야 한다.
③ 인성 교육은 학교와 가정, 지역사회의 참여와 연대 하에 다양한 사회적 기반을 활용하여 전국적으로 실시되어야 한다.

일생(一生) 바람이다

바람이 이리저리 부는 대로
구름처럼 뭉치고 나뉘는 대로
계곡물이 잔잔히 흐르는 대로
그저 바람이 부는 대로
시간이 빠른 대로
세월이 가는 대로
나이를 먹는 대로

학교 교실에서 종 치는 대로
교과서 다른 대로
교육제도 바뀌는 대로
가르침에 시행착오 겪는 대로
한때도 되돌릴 수 없는
삶은 걸어가는 대로
순응하며 창조하며 도전하며
생각하며 사는 대로
행복하게 살겠노라.

내 일생의 바람이다.

학생에게
배울 것보다는
무언가
해야 할 것을 주어야 한다.

무언가를 하다 보면
자연히 생각하게 된다.

그리하면 배움은 저절로 따라온다.

- 존 듀이 -

인성교육진흥법 통과

인성교육진흥법은 2014년 12월 국회를 통과한, 인성 교육을 의무로 규정한 세계 최초의 법 "예(禮), 효(孝), 정직, 책임, 존중, 배려, 소통, 협동"을 인성 교육 8개 주제라고 한다. '인성'을 '교육'으로써 '진흥'시키겠다는 법률이 한국에서 2015년에 세계 최초로 제정되었다.

'인성교육진흥법'의 상위법은 '교육기본법'이다.

사람이 삶에서 마땅히 따르고 지켜야 하는 규범은 다양하다. 종교, 도덕, 관습, 법 등으로 구분하고 있다. 학교에서 교사들 역시 학생들의 성품을 바르게 키워주고자 노력하고자 하여 제정되었다.

인성 교육의 기본방향이다.

① 인성 교육은 가정 및 학교와 사회에서 모두 장려되어야 한다.

② 인성 교육은 인간의 전인적 발달을 고려하면서 장기적 차원에서 계획되고 실시되어야 한다.

③ 인성 교육은 학교와 가정, 지역사회의 참여와 연대하에 다양한 사회적 기반을 활용하여 전국적으로 실시되어야 한다.

인성교육진흥법 제2조(정의)

제2조(정의) 이 법에서 사용하는 용어의 뜻은 다음과 같다.
1. "인성 교육"이란 자신의 내면을 바르고 건전하게 가꾸고 타인·공동체·자연과 더불어 살아가는 데 필요한 인간다운 성품과 역량을 기르는 것을 목적으로 하는 교육을 말한다.
2. "핵심 가치·덕목"이란 인성 교육의 목표가 되는 것으로 예(禮), 효(孝), 정직, 책임, 존중, 배려, 소통, 협동 등의 마음가짐이나 사람됨과 관련되는 핵심적인 가치 또는 덕목을 말한다.
3. "핵심 역량"이란 핵심 가치·덕목을 적극적이고 능동적으로 실천 또는 실행하는 데 필요한 지식과 공감·소통하는 의사소통 능력이나 갈등 해결 능력 등이 통합된 능력을 말한다.

인성 교육이 제대로 이루어지기 위해서 제대로 교육을 시행해야 한다. 가정과 학교 사회의 전체적인 통합이 필요하다.

4장 학생은 규칙을 준수하여야 한다

우리나라 교육제도에 대한 기본법이며 교육행정의 기본 지침이 되는 법률이 교육기본법이다.

학교는 학습자의 능력이 최대한으로 발휘될 수 있도록 마련되어야 한다고 되어 있다. 과연 최대한으로 시설과 환경이 잘 갖추었는가?

교육기본법 12조

교육기본법 12조를 살펴보자. 나는 무엇을 해야 할까?

교육기본법 12조

> 제12조(학습자)
> ① 학생을 포함한 학습자의 기본적 인권은 학교 교육 또는 평생교육의 과정에서 존중되고 보호된다.
> ② 교육 내용·교육 방법·교재 및 교육시설은 학습자의 인격을 존중하고 개성을 중시하여 학습자의 능력이 최대한으로 발휘될 수 있도록 마련되어야 한다.
> ③ 학생은 학습자로서의 윤리 의식을 확립하고, 학교의 규칙을 준수하여야 하며, 교원의 교육·연구 활동을 방해하거나 학내의 질서를 문란하게 하여서는 아니 된다.

학생은 학교의 규칙을 준수하여야 하며, 교원의 교육·연구 활동을 방해하거나 학내의 질서를 지켜야 한다는데 과연 그러한가. 요즈음의 학교는 서로의 차이가 너무나 커서 안타깝다.

학생을 어떻게 교육해야 할까?

요즈음 학교 현장에는 많은 문제가 발생하기 시작했다. 한국교육개발원 2021년 12월 교육 여론조사에 따르면 '교사가 생각하는 학생 및 학부모에 의한 교원의 교육 활동 침해 행위 정도'에 대해 44.5%가 "심각하다"는 의견을 냈다.

많은 교사가 수업 시간 중 수업 방해와 교권 침해로 머리가 아프다. 교원의 교육 활동 침해행위 정도가 매우 심각하다. 누구에게 말도 못 하고 두통이 아니라 고통이다.

하루하루 선생님들은 학생 교육에 정성을 다하지만 만족스럽지 못할 수도 있는 것 아니겠습니까?

요즘 학생들은 말로 타이르다가 잘못하면 아동학대라고 오해받기도 한다. 학교에서 훈계하거나 큰 소리를 내면 학생과 학부모의 민원 일 순위가 된다. 학부모들의 사소한 민원에 쉬쉬하고 넘어가는 경우도 흔하게 발생한다. 지금 학교에서는 아무 탈 없이 지내기를 바랄 뿐이다.

교사는 학생이 수업 중에 문제행동을 하면 제지할 뾰족한 방법이 없다. 교칙으로 처리하지만 서로 힘들다. 각자도생이다. 스스로 알아서 대처하는 경우가 많다. 학생이 문제행동 한다면 그 문제 이후의 제지할 방법은 없다.

한국교총이 전국 유·초·중·고 교사 8,655명을 설문 조사한 결과이다.
문제행동의 유형으로는 '떠들거나 소음 발생'이 26.8%, 욕설 등 공격적 행동도 22.8%, 교실, 학교 무단이탈(12.7%), 교사의 말을 의심하거나 계속해서 논쟁(8.1%), 수업 중 디지털기기 사용(7.9%), 수업 중 잠자기(7.9%) 순이었다.[2]

3. 선생님께서 접하신 학생의 문제행동 유형 중 가장 많이 발생하는 행위는 무엇입니까? (복수 응답 3개 까지)

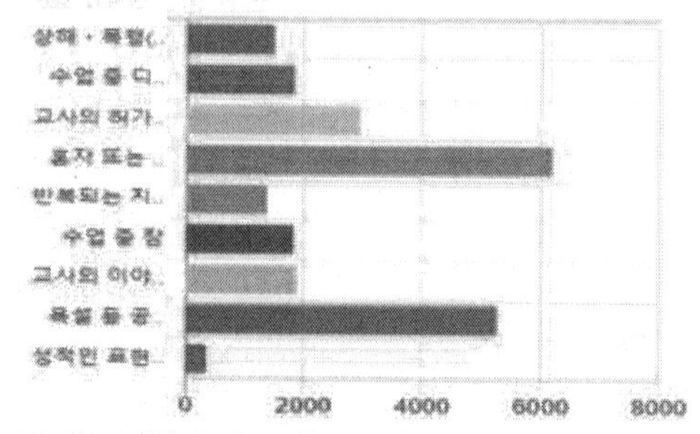

① 상해·폭행(신체나 도구를 이용) (1474/6.4%)
② 수업 중 디지털 기기(휴대전화, 아이팟, MP3 플레이어, 노트북, 게임기 등)를 (1823/7.9%)
③ 교사의 허가 없이 교실을 이탈하는 행위, 학교 밖에 나가는 행위 (2928명/12.7%)
④ 혼자 또는 다른 학생과 떠들거나 소음 발생 (6176명/26.8%)
⑤ 반복되는 지각 (1353명/5.9%)
⑥ 수업 중 잠 (1816명/7.9%)
⑦ 교사의 이야기를 의심하거나 계속해서 논쟁 (1869명/8.1%)
⑧ 욕설 등 공격적이거나 적대적, 오만이나 건방진 행동 (5247명/22.8%)
⑨ 성적인 표현 및 성희롱, 성폭력 행위 (351명/1.5%)

한국교총이 전국 유·초·중·고 교원 8,655명을 대상으로 7월 12일~24일 진행한 설문 결과 교육기본법 및 초·중등교육법 등 관련 법을 개정해 교원의 생활지도권을 보장해야 한다는 의견을 내놨다. 그뿐만 아니라 "국회와 정부는 교육기본법, 초·중등교육법, 교원지위법 개정에 즉시 나서야 한다"라며 "학교 교권 보호 위원회를 교육지원청으로 이관해 객관성, 전문성을 확보하고 학교 부담을 완화해야 한다."라고 촉구했다.

교사 편은 누구인가?

요즈음의 대한민국은 교사 편이 아님을 실감한다. 내 편인가 네 편인가 편 가르지 말고 우리는 한편이 되어야 한다.

학교에서 문제가 발생하면 관리자는 누구에게 편드나?

학부모, 학생, 교사, 누구 편일까?

문제를 잘 해결하려면 인내하고 기다려야 한다. 이 시기가 지나기까지 괴롭고 힘들다. 수업 도중에 일부 학생들에게 온갖 욕설에 성희롱 발언까지 들어도 특별히 할 수 있는 게 별로 없다. 수석교사도 마찬가지다.

학생을 상대하는 교사는 모두 힘들다. 학생 생활지도 법을 반드시 만들어야 한다. 수업 중 문제행동 학생에 대한 즉각적이고 실질적으로 제지할 수 있는 법이 있어야 한다.

부당한 민원과 교권 침해를 겪는 교사들의 삶을 실질적으로 보호해 줄 수 있는 안전장치가 필요하다. 그러하지 않으면 교사는 늘 당한다.

교육기본법 12조에 의하여 ③항 " 학생은 학습자로서의 윤리 의식을 확립하고, 학교의 규칙을 준수하여야 하며, 교원의 교육·연구 활동을 방해하거나 학내의 질서를 문란하게 하여서는 아니 된다." 이를 잘 지키도록 해야 한다.

이런 법은 왜 존재하는가?

있으나 마나 한 법은 있는 데 있어야 할 법은 없다.

세상에 이런 법이~

좋은 방법은 무엇일까?

학교는 교권 침해를 넘어 다른 학생의 학습권까지도 침해하는 문제행동에 대해 대책이 필요하다.

교사는 지금도 수업하면서 외친다.

오늘도 무사히

배우고 가르치고

오늘도 무사히
지금도 감사하게
내일도 그러하길 바라며
나는 지금도 수업하는 교사이다.
오늘도 가르친다.

오늘도 감사히
내일은 행복하게
날마다 그러하길 바라며
나는 항상 가르치며 배우는 학생이다.
지금도 배운다.

수업을 즐기며
그때그때
학습활동을 함께한다.
그저 묵묵히
배우고 가르치는
선구자다.

6장 초 · 중등교육법

초 · 중등교육법 시행령 31조 8항

제31조(학생의 징계 등) ① 법 제18조 제1항 본문의 규정에 따라 학교의 장은 교육상 필요하다고 인정할 때는 학생에 대하여 다음 각호의 어느 하나에 해당하는 징계를 할 수 있다. <개정 2011. 3. 18.> ⑧ 학교의 장은 법 제18조 제1항 본문에 따라 지도를 할 때는 학칙으로 정하는 바에 따라 훈육 · 훈계 등의 방법으로 하되, 도구, 신체 등을 이용하여 학생의 신체에 고통을 가하는 방법을 사용해서는 아니 된다.

「초·중등교육법」 시행령이 2011년 개정되면서 지금은 예외 없이 체벌이 금지되고 있다. 이제는 시대가 달라지고 있다.

수업 중 떠들거나 딴짓하고 수업 방해해도 참고 참다 꿀밤 한대도 체벌이다. 올해만 몇몇 교사가 교권 침해로 고통을 겪다가 휴직에 들어갔다. 훈육, 고함, 기합, 욕설, 학생에 대하여 신중하게 행동하여 학생을 가르쳐야 한다.

교직 윤리를 실천하는 것이 스스로 교권을 지키는 길이라고 안내한다. 절대로 학교에서는 하지 말아야 할 행동이다.

7장 보호자는 책임을 진다.

교육기본법 13조

제13조(보호자)
① 부모 등 보호자는 보호하는 자녀 또는 아동이 바른 인성을 가지고 건강하게 성장하도록 교육할 권리와 책임을 느낀다.
② 부모 등 보호자는 보호하는 자녀 또는 아동의 교육에 관하여 학교에 의견을 제시할 수 있으며, 학교는 그 의견을 존중하여야 한다.[6]

가정에서는 가정교육이 중요하다. 부모 및 보호자는 보호하는 자녀와 아동이 바른 인성을 가지고 건강하게 성장하도록 교육할 권리와 책임을 진다.

부모의 마음을 헤아리는 내 자식이 얼마나 될까?

요즘에는 부모의 마음을 조금이나마 이해할 기회가 많을까?

"세 살 버릇 여든까지"라는 말이 있다.

부모는 어릴 때 가정교육이 매우 중요하니 올바른 습관이 형성되도록 가르치고 보호해야 한다는 의미다. 부모는 자녀의 최초 교사이고, 최고의 스승이 된다.

---

6) 교육기본법 https://www.law.go.kr

아이들은 부모의 사랑을 먹고 자란다. 특히 엄마의 사랑은 자녀의 성장에 매우 중요하다. 제일 중요한 사실이다. 요즈음 가정과 학교 교육이 많이 흔들리고 있다. 중심을 잘 잡아야 할 시점이다.

오늘날 자녀 교육의 단면이다. 누구는 유아 시기부터 부모의 사랑을 받으며 지내는 게 아니다. 사는 게 뭔지 생계유지를 위한 활동에 늘 바쁘다. 바빠서 아이들은 누군가에 의존하며 지낸다. 그러다 보니 오냐 오냐를 하게 된다.

자녀의 교육은 자녀의 미래이다. 자녀의 미래는 부모에 의해 좌우되는 게 요즈음의 현상이다. 자녀가 성실하게 살아가도록 모범을 보이고 방향을 제시해야 한다.

과거 도시락을 싸주시던 어머니의 마음이 생각난다.

도시락 속에 건네는 자식의 마음 '쪽지 한 장, 잘~ 먹었습니다' 기억난다.

요즈음 학생들은 학교 급식으로 인해 당연하게 밥을 먹는 줄 안다. 한 끼의 정성과 노력을 생각하면 좋으련만.

잘 먹었습니다. 감사합니다.

어디선가 들리는 듯하다.

8장. 교육기본법 세상에 이런 법이 있나?

교원단체는 교육기본법 제15조에 의해 규정된 단체로 “교원의 상호협동, 교육의 진흥, 문화 창달, 교원의 경제적·사회적 지위 향상 등을 목적으로 한다.”이다.

교육기본법 15조

제15조(교원단체) ① 교원은 상호 협동하여 교육의 진흥과 문화의 창달에 노력하며, 교원의 경제적·사회적 지위를 향상시키기 위하여 각 지방자치단체와 중앙에 교원단체를 조직할 수 있다. ② 제1항에 따른 교원단체의 조직에 필요한 사항은 대통령령으로 정한다. [전문개정 2007. 12. 21.]

교직원 단체가 많다. 단체에 합동으로 잘 부탁한다.

교원단체 중 3개 단체만 언급한다. 한국 교원단체에 바란다. 전국교직원노동조합에 바란다. 좋은교사운동본부에 바란다.

교육단체는 서로 소통하고 협력하여 좋은 방도를 찾아주길 요구한다.

정부와 교육부의 교육정책이 바로 서는 날이 오기를 기대해 본다. 교육 당국과 정부에 대책 마련을 한 번 더 촉구한다.

백성을 사랑하는 것은

오히려
백성을 해롭게 하는 것의 시작이 된다.

가령
법을 제정하는 것은
백성을 사랑하기 때문이지만
그 보호의 도가 지나치면
오히려
백성을 해롭게 하는 것이 된다.

- 장자 -

4부
대한민국의 희망을 바라다

미래 희망을 바라며

희망을 품어보자.
미래를 위한 길이다.
추상적인 내용 같지만, 기본이 시작이다.
HOPE는 절망과 어두움을 해결하는 것이다.
원하는 바 필요한 것 즉시 실행하길 기대한다.
우리나라 교육에 관한 교육기본법의 내용을
간단하게 살펴본다.

4부
대한민국의 행복한 희망을 바라다

1장 교육에 희망을 품어보자

2장 축복이다.

3장 대한민국 헌법 제1조

4장 홍익인간 미래를 위한 길이다

교육에 희망을 품어보자

아리스토텔레스는 말했다. "행복한 생활은 덕에 의한 경우가 많다. 덕을 실천하는 사람, 덕을 생활 속에 베푸는 사람, 그런 사람에게 행복이 따른다. 행복해지고 싶거든 덕에 의한 생활해라"

오늘도 행복하십니까?

교사에게 부여된 소명(mission)은 학생을 제대로 잘 가르치는 것이다. 교사는 희로애락의 생활이고 동분서주의 삶이다.

교사로서 보람찰 때도 있고, 그만두고 싶어질 정도로 자존심 심하게 상하기도 한다. 또한 교사는 학생, 학부모, 관리자와 관계가 힘들 때도 많다. 재직하고 있는 기간 인내하고 지내보면 교사로서 보람과 긍지를 느낄 때도 있다.

교사 생활에 만족감을 유지하려면 초심을 유지하며 열심히 하는 게 중요하다. 감사하는 마음은 일상의 스트레스를 이길 수 있는 활력소이며 보약이다.

나는 가르치는 덕후인가?

공무원은 정년 보장과 노후 연금 수령, 일과 생활의 균형이 보장되기에 여전히 인기가 높다. 최근에는 과거보다 낮아지고 있다. 교사는 만 62세가 정년이다. 교사 생활의 직업관을 유지하며 정년퇴임을 하고 사회로 당당하게 돌아갈 수 있어야 한다.

세상을 살아가는 데 필요한 직업 분야로 볼 때 교사의 직업관을 어떻게 생각하는가?

교사의 직업관은 다양하다.

이에 대해 간단하게 살펴본다. 우선 교원에게 특별한 사명 의식 또는 소명 의식이 필요하기 때문으로 보는 성직관이다. 과거 우리에게 교직은 성직(聖職)이라 불리며 '스승의 그림자는 밟아서도 안 된다'라는 의식이 있었다. 교사는 사랑과 봉사, 희생을 요구하는 성직관 이다. 맹자 사상의 핵심인 측은지심(惻隱之心), 수오지심(羞惡之心), 사양지심(辭讓之心), 시비지심(是非之心)이다. 가르치는 학생에 관한 관심과 사랑이다.

또 다른 하나는 가르치는 일은 노동으로 보는 노동자 교직관이다. 학교(직장)에서 수업과 업무의 노동을 제공하고 보수를 받는다는 경제적 측면이 대두되고 있다.

과거보다 교사의 퇴직이 많은 편이다. 가르치는 업무에 적응하지 못하거나, 보수나 낮거나, 학생과 학부모의 잦은 민원도 요인이라고도 분석한다.

전문직관은 전문직인 지식과 기술을 가지고 국가 공인 자격증을 가진 전문가가 학생을 가르치는 직업으로 보는 점이다. 교사는 전문적인 직업으로 보는 관점이다.

교사의 직업은 천직이다.

여기서 말하는 천직은 천한 직업 천직(賤職)이 아니라는 말이다. 이 세상에는 천직(賤職)은 없다. 다만 천한 행동을 하는 사람이 있을 뿐이다. 오늘날 되돌아보면 모든 직업은 사명감과 책임감을 느끼고 세상에 이바지한다. 세상 모든 직업은 다 천직(天職)이다.

교사라는 직업은 거룩하고 자랑스러운 직업이다.

교직은 천직(天職)을 넘어 거룩한 직업이다.

교직은 성직(聖職)인 것이다.

교직은 성직(聖職)이다.

축복이다

이 일이 세상에 작은 봉사지만
큰 보람을 느끼는 행복의 길이라네

사랑 주고 존중받고 인정받으며
많은 꿈을 갖게 전하는 꿈 전도사이다.

온갖 시련 다 극복하고
고통 미움 삭이며
기다리고 기다리니
이 또한 즐겁지 아니한가?

한평생 이 길을 걷는 그대여
보람을 느끼며 만족하는 지금
이게 축복이다.

대한민국 헌법 제10조

제10조 모든 국민은 인간으로서의 존엄과 가치를 가지며, 행복을 추구할 권리를 가진다. 국가는 개인이 가지는 불가침의 기본적 인권을 확인하고 이를 보장할 의무를 진다.

모든 국민은 인간으로서의 존엄과 가치를 가지며, 행복을 추구할 권리를 가진다. 우리는 어떻게 변하는 게 좋을까?

행복(幸福) 이란 의미는 "생활에 만족하여 즐겁고 흐뭇하게 느끼는 감정이나 상태", 그리고 "복된 좋은 운수"라고 사전에 정의하고 있다. 대체로 즐겁고, 만족스럽고, 흐뭇한 마음의 상태를 말한다. 영어 행복을 뜻하는 'happy'는 고대 스칸디나비아 말인 'happ'에서 유래되었다고 하는데, 뜻은 "기회, 행운"이라고 한다. 또한 행복(幸福)은 생활 속에서 기쁘고 즐겁고 만족을 느끼는 상태이다. 인간은 모두 행복을 추구하며 살고 있다. 우리는 행복하게 살아야 한다. 행복은 마음먹기에 달려 있다는 의미다.

헤르만 헤세의 <행복해진다는 것>에 "인생에 주어진 의무는 다른 아무것도 없다네, 그저 행복해지라는 한 가지 의무뿐 ~"

행복은 성적순이 아니라는 말이 있다. 내 마음이다. 행복한 삶에 우선순위를 두고, 행복의 의미와 가치를 되새긴다.

행복하게 사는 것은 당연한 이야기이다.

그렇지만 일부 추상적인 내용도 포함하고 있다. 법이란 원래 그렇다. 마음을 설레게 하는 행복 추구권 규정으로 행복한 삶을 살기 위한 방법이다.

개인 맞춤형의 시대이다. 개인의 행복이 천차만별이다. 더군다나 직업의 가치가 과거와는 다르게 크게 변화하고 있다. 삶의 가치도 매우 다양하게 변화한다. 공정한 세상과 공평한 세상이 되길 바랄 뿐이다.

직업은 모두 매우 소중하다. '직업에는 귀천이 없다'라는 말은 직업은 귀하고 천한 게 없다는 의미다. 세상에 필요하지 않은 직업은 없다. 모두 다 의미 있는 가치 있는 직업이다. 프랑스는 서비스직이 정말 존경받는 직업이고, 행복한 직업이라고 한다.

이제 네 세상이 올 것이다. 네가 좋은 것을 맘껏 펼치는 것이 너의 미래다. 맘껏 즐기고 재미있는 게 덕후의 세상이다.

삶의 가치가 삶의 의미이다.

홍익인간의 삶이다.

3장 홍익인간 미래를 위한 길이다

홍익인간이 대한민국의 교육이념으로 채택된 것은 1945년 12월 20일 개최된 교육심의회에서 대한민국의 교육이념으로 채택되었다.

우리나라 교육기본법 2조에는 의미는 간단하다.

홍익인간(弘益人間)은 "널리 인간 세상을 이롭게 하라" 또는 "모든 사람이 어우러져 행복하게 하라"라는 의미이다.

교육기본법 제2조(교육이념)

第2조(교육이념) 교육은 홍익인간(弘益人間)의 이념 아래 모든 국민으로 하여금 인격을 도야(陶冶)하고 자주적 생활 능력과 민주시민으로서 필요한 자질을 갖추게 함으로써 인간다운 삶을 영위하게 하고 민주국가의 발전과 인류공영(人類共榮)의 이상을 실현하는 데에 이바지하게 함을 목적으로 한다. 7)

홍익인간(弘益人間)은 대한민국의 교육이념이다.

---

7) 교육기본법
https://www.law.go.kr/

행복하게 살아가는 뜻으로 해석된다. 행복한 대한민국 희망이 이루어지기를 바란다.

조벽(HD행복연구소장, 고려대 석좌교수) 교수는 한국과학창의재단 특별강연 미래를 창조하는 학생들을 위한 진로교육 주제 강연에서 다음과 같이 언급했다. “꿈과 목표를 세우고 희망을 품고 세상에 이바지한 가치 있는 삶을 살도록 해야 한다”라고 강의에서 언급했다.3)

교육은 미래를 위해 크게 기여한다.

우리는 모두 크거나 작거나 세상에 기여하고 있다. 그렇다. 미래는 상상하는 것이다. 미래를 위한 교육은 삶에 가치 있는 일이다. 미래 일과 직업을 연계한 실용주의 교육으로 변화가 필요하다. 교육은 세상에 기여하는 삶을 살아가도록 도와주는 것을 의미한다.

독서는 왜 하는가?

톨스토이는 “교육은 많은 책을 필요로 하고, 지혜는 많은 시간을 필요로 한다”라고 말했다. 독서의 중요성을 강조하는 의미다. 평생 읽고, 생각하고, 상상하고, 토론하고, 표현하는 것이다. 미래는 교육의 기본이 중요하다. 빌 게이츠는 “오늘의 나를 있게 한 것은 우리 마을의 도서관이었다. 하버드 졸업자보다도 소중한 것이 독서하는 습관이다.”라고 말했다.

학생들에게 무엇을 가르쳐야 하는가?

교육은 기본에 충실해야 한다. 기본이 무너지면 기초가 무너지게 된다. 기초가 무너지면 교육 전체가 무너지는 것은 당연한 논리이다. 대한민국의 공교육기관인 유·초·중·고·대학은 「교육기본법」에 나타난 정신과 가치를 교육 목표에 반영하고 실천하도록 해야 한다. 우리나라 교육기관에서 국가와 함께 노력해야 한다.

책을 읽는 습관의 중요성을 강조한다.
사람은 책을 만들고, 책은 사람을 만든다.
책을 많이 읽는 자는 리더로 성장한다.

가정교육이란 무엇인가?

교육은 가르치고 기르는 것이다. 가정과 학교에서 교육을 통해 '사람다운 사람'을 만들어야 하는 것이다. 인간 행동의 변화를 꾀하는 것이다. 교육은 평생을 통해 배우는 보약이다.

페스탈로치는 "가정은 도덕상의 학교다. 가정에서의 인성교육은 중요하다"라고 강조했다. 가정교육은 모든 교육의 기초이다. 가정에서 부모는 최초의 교사이다. 교육의 기본이다. 가정교육은 사람 됨됨이의 근본을 이룬다. 밥상머리 교육의 기본이 가정에서 제대로 이루어지길 바란다.

부모 교육도 중요하다. 부모는 자녀의 모범이 된다.

가정교육을 통해 지금보다 더 나은 사람으로 성장하게 지원해야 한다. 인공지능 세상이 다가온다 해도 가정의 소중한 가치는 변하지 않을 것이다. 행복한 미래의 출발점이 가정이다.

가정과 학교는 우리나라의 미래를 좌우하는 초석이다. 사랑과 존중이 강조되는 시대이다. 미래를 위하여 기초를 튼튼히 하는 교육, 기본을 지키는 교육을 제대로 해야 한다. 기본을 잘 지키는 게 본질이고, 기본이 미래이다. 교육에 왕도는 없다. 그러나 교육에는 기본이 있다. 우리나라의 미래는 그들의 손에 있다고 해도 과언이 아니다. 그들을 존중하는 대한민국 문화를 기대한다.

그들은 누구인가?

공부는 배움을 즐기는 것이다.

이런 배움이 가치가 높다. 예(禮)는 인격이고 자신을 수양하는 정도이다. 존중받고 존경하는 일이 예를 지키는 것이다. 인성 교육의 출발이다. 예는 사람 됨됨이를 평가하는 근본이고, 이 세상을 이롭게 하는 척도이다. 이것은 곧 홍익인간이다.

21세기 살아가는 우리는 홍익인간을 다시 생각하고 재해석하는 시대정신이 필요하다.

기본을 지키려면 어떻게 해야 할까?

우리나라의 미래는 지금 가치관의 선택에 달려 있다. “윗물이 맑아야 아랫물이 맑다”라는 말이 있다. 맑은 샘에서 맑은 물이 난다. 부모가 모범을 보여야 자식도 효자 노릇을 하게 된다는 의미다. 직장에서는 윗사람이 잘해야 아랫사람도 잘하게 된다는 뜻이다.

가정과 학교, 사회에서 기본이 바로 서는 교육을 제대로 하길 바란다. 교육에서는 학생들이 무엇을 가치 있게 배울까 걱정이다. 윗물이 맑아야 아랫물이 맑다는 의미를 다시 한번 되새겨보아야 할 것이다. 기본을 잘 가르치고 배우는 대한민국 교육을 희망한다.

기본을 잘 지키는 대한민국 최고이다.

기본이 바로 서야, 가정이 바로 서고,
가정이 바로 서면, 학교가 바로 선다.
학교가 바로 서야, 사회가 바로 서고,
사회가 바로 서면, 국가가 바로 선다.

‘홍익인간(弘益人間)’이라는 위대한 교육적 가치를 학교 현장에서 이루어 갈 수 있기를 기대한다.

학생에게
배울 것보다는
무언가
해야 할 것을 주어야 한다.

무언가를 하다 보면
자연히 생각하게 된다.

그리하면 배움은 저절로 따라온다.

- 존 듀이 -

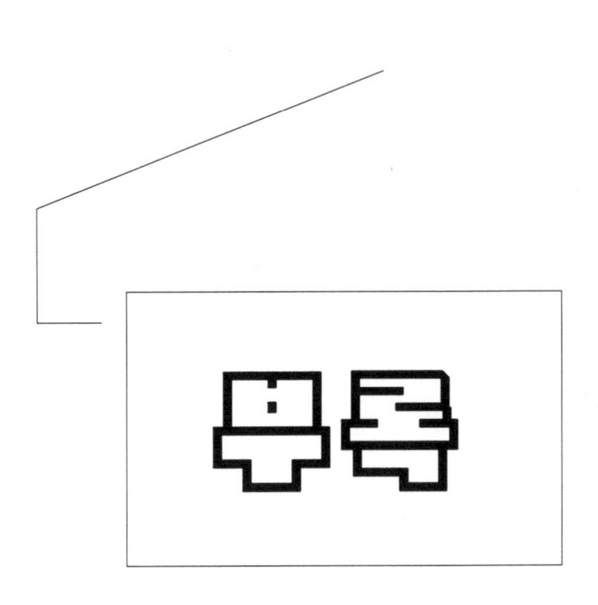
부록

[부록] 대한민국 헌법 전문

대한민국헌법

[시행 1988.2.25] [헌법 제00010호, 1987.10.29, 전부개정]

전문
유구한 역사와 전통에 빛나는 우리 대한국민은 3·1운동으로 건립된 대한민국 임시정부의 법통과 불의에 항거한 4·19민주이념을 계승하고, 조국의 민주개혁과 평화적 통일의 사명에 입각하여 정의·인도와 동포애로써 민족의 단결을 공고히 하고, 모든 사회적 폐습과 불의를 타파하며, 자율과 조화를 바탕으로 자유민주적 기본질서를 더욱 확고히 하여 정치·경제·사회·문화의 모든 영역에 있어서 각인의 기회를 균등히 하고, 능력을 최고도로 발휘하게 하며, 자유와 권리에 따르는 책임과 의무를 완수하게 하여, 안으로는 국민생활의 균등한 향상을 기하고 밖으로는 항구적인 세계평화와 인류공영에 이바지함으로써 우리들과 우리들의 자손의 안전과 자유와 행복을 영원히 확보할 것을 다짐하면서 1948년 7월 12일에 제정되고 8차에 걸쳐 개정된 헌법을 이제 국회의 의결을 거쳐 국민투표에 의하여 개정한다.

제1장 총강

제1조

①대한민국은 민주공화국이다.

②대한민국의 주권은 국민에게 있고, 모든 권력은 국민으로부터 나온다.

제2조

①대한민국의 국민이 되는 요건은 법률로 정한다.

②국가는 법률이 정하는 바에 의하여 재외국민을 보호할 의무를 진다.

제3조 대한민국의 영토는 한반도와 그 부속도서로 한다.

제4조 대한민국은 통일을 지향하며, 자유민주적 기본질서에 입각한 평화적 통일 정책을 수립하고 이를 추진한다.

제5조

①대한민국은 국제평화의 유지에 노력하고 침략적 전쟁을 부인한다.

②국군은 국가의 안전보장과 국토방위의 신성한 의무를 수행함을 사명으로 하며, 그 정치적 중립성은 준수된다.

제6조

①헌법에 의하여 체결ㆍ공포된 조약과 일반적으로 승인된 국제법규는 국내법과 같은 효력을 가진다.

②외국인은 국제법과 조약이 정하는 바에 의하여 그 지위가 보장된다.

제7조

①공무원은 국민전체에 대한 봉사자이며, 국민에 대하여 책임을 진다.

②공무원의 신분과 정치적 중립성은 법률이 정하는 바에 의하여 보장된다.

제8조

①정당의 설립은 자유이며, 복수정당제는 보장된다.

②정당은 그 목적·조직과 활동이 민주적이어야 하며, 국민의 정치적 의사형성에 참여하는데 필요한 조직을 가져야 한다.

③정당은 법률이 정하는 바에 의하여 국가의 보호를 받으며, 국가는 법률이 정하는 바에 의하여 정당운영에 필요한 자금을 보조할 수 있다.

④정당의 목적이나 활동이 민주적 기본질서에 위배될 때에는 정부는 헌법재판소에 그 해산을 제소할 수 있고, 정당은 헌법재판소의 심판에 의하여 해산된다.

제9조 국가는 전통문화의 계승·발전과 민족문화의 창달에 노력하여야 한다.

참고도서 참고문헌

[출처] 초、중등교육법 - 국가법령정보센터, 제19조(교직원의 구분)
[원본링크]
https://glaw.scourt.go.kr/wsjo/lawod/sjo192.do?lawodNm=%EC%B4%88%EC%A4%91%EB%93%B1%EA%B5%90%EC%9C%A1%EB%B2%95&jomunNo=19&jomunGajiNo=0

[출처] 초、중등교육법 - 국가법령정보센터, 초、중등교육법
[원본링크]
https://www.law.go.kr/%EB%B2%95%EB%A0%B9/%EC%B4%88%C2%B7%EC%A4%91%EB%93%B1%EA%B5%90%EC%9C%A1%EB%B2%95

[출처] 교육연합신문 인공지능시대 교육은 메이커 2022. 7. 16.
[원본링크]
https://www.eduyonhap.com/m/page/view.php?no=64664

참고 사이트

1) [출처] 국가법령정보센터, 초、중등교육법
[원본 링크]
https://www.law.go.kr

2) [출처] 한국교육신문, 2022.07.25
[원본 링크]
https://www.hangyo.com/news/article.html?no=96817

3) [출처] 미래를 창조하는 학생들을 위한 진로 교육 - 조벽 교수
한국과학창의재단 특별강연, 2021. 12. 24.
[원본 링크]
https://www.youtube.com/watch?v=eiZrOleURt0&ab_channel=%EC%84%B8%EB%B0%94%EC%8B%9C%EA%B0%95%EC%97%B0SebasiTalk

세상에 이런 법이

저　자 | 강신진

발　행 | 2022년 11월 11일
펴낸이 | 한건희
펴낸곳 | 주식회사 부크크
출판사 등록 | 2014.7.15.(제2014-16호)
주　소 | 서울특별시 금천구 가산디지털1로 119
(SK 트윈타워 A동 305호)
전　화 | 1670-8316
이메일 | info@bookk.co.kr

ISBN | 979-11-410-0087-5

www.bookk.co.kr

기본이 바로 서야, 가정이 바로 서고,
가정이 바로 서면, 학교가 바로 선다.
학교가 바로 서야, 사회가 바로 서고,
사회가 바로 서면, 국가가 바로 선다.

테마에세이

글 한 잔 할래요

김경희 김보경 김은정 김형선
부정민 성기낭 정미주 홍유경 희망희정

BOOKK